Dietrich Türnau

Rabanus Maurus, der praeceptor Germaniae

Dietrich Türnau

Rabanus Maurus, der praeceptor Germaniae

ISBN/EAN: 9783743695115

Hergestellt in Europa, USA, Kanada, Australien, Japan

Cover: Foto ©ninafisch / pixelio.de

Weitere Bücher finden Sie auf **www.hansebooks.com**

Rabanus Maurus,

der

praeceptor Germaniae.

Inaugural-Dissertation

zur

Erlangung der Doktorwürde

der

hohen philosophischen Facultät

der

Friedrich-Alexanders-Universität zu Erlangen

vorgelegt von

Dietrich Türnau

aus Bergdorf.

Tag der mündlichen Prüfung 18. Mai 1899.

München.
J. Lindauersche Buchhandlung (Schöpping).

I.

Rabans Entwicklungsgang.

Um ein annähernd richtiges Bild von der Bedeutung Rabans als praeceptor Germaniae zu zeichnen, wird es in erster Linie notwendig sein, seine Persönlichkeit aus ihrem geistigen Werden zu begreifen. Das, was er ist, wird klarer und in schärferen Umrissen vor unser Auge treten, wenn wir zuvor zugesehen haben, wie er es geworden ist.

Wir möchten darum mehr geben als einen lediglich dem Zweck der Orientierung dienenden Lebensabriß, wenn wir zunächst die Ausgangspunkte der Lebensentwicklung Rabans und die Hauptmomente seines geistigen Werdeprozesses in den Rahmen unserer Darstellung ziehen.

Rabanus Maurus[1]) ist ein Deutscher, ein Franke[2]) aus vornehmen Geschlecht,[3]) geboren in Mainz[4]) um das Jahr 784.[5]) Sicherlich waren es fromme Eltern, die ihn nicht für die Welt, sondern für den Dienst Gottes bestimmten und ihn deshalb im zarten Knabenalter, wahrscheinlich als puer oblatus, dem Kloster Fulda weihten;[6]) vielleicht waren sie in ihrer vornehmen Lebensstellung sich auch dessen bewußt, daß die Kirche ebensowohl Lebensmacht und Lebenselement wie auch die beste und alleinige Schule der damaligen Zeit war. Waluram und

---

[1]) In Betreff des Namens vgl. Dümmler, Hrabanstudien. Sitzungsbericht der Akadem. d. Wissensch. zu Berlin. 1898. III, 27 f.

[2]) „Ipse quidem Francus genere est." Intorc. Alb. Mon. Germ. poet. lat. II, 160.

[3]) Epitaphium Tutini. Mon. Germ. poet. lat. II, 243.

[4]) „Urbe quidem hac genitus sum" (gemeint ist Mainz, der Ort seiner Grabstätte).
Epitaphium Hrab. archiep. Mon. Germ. poet. lat. II, 244.

[5]) Nachdem Trithemius willkürlich 788 als Geburtsjahr hingestellt hatte, legte Mabill. Act. SS. ord. S. Bened. IV. 2, 22 in Rücksicht auf das Diakonat Rabans (801) das Jahr 776 fest, welches Jahr ihm seitdem kritiklos nachgeschrieben ist. Eine falsche Voraussetzung führte auf 780 (Dahl, Rabanus Maurus in Schneiders Buchonia III. 115), während Fabricius, Biblioth. lat. med. et inf. aet. ed. Mansi VI, 25 das Jahr 785 anscheinend instinktmäßig gewählt hat. Dümmler, der bekannte Rabanforscher, weist neuerdings mit sehr großer Wahrscheinlichkeit auf das Jahr 784. Vgl. Dümmler, Hrabanstudien. Sitzungsber. der Akad. der Wissensch. zu Berlin 1898. III, 26 f.

[6]) Et a puero in Fulda monachus. Mabillon Acta SS. ord. S. Bened. IV. 2, 36. cf. Mon. Germ. poet. lat. II, 244 v. 2.

Waltrat, so meldet eine Fuldaer Urkunde,¹) brachten mit ihrem Sohn Rabanus zugleich ihre in Mainz gelegenen Güter im Jahre 788 dem Kloster dar. Hier haben wir, wie schon Eckart behauptete,²) und neuerdings Dümmler für wahrscheinlich hält,³) unsern jungen Raban mit seinen Eltern vor uns. Wohlgegründete Nachrichten über die erste Jugendentwicklung Rabans fehlen uns leider.⁴) Jedenfalls ist es von hoher Bedeutung, daß er in die Gemeinschaft eintrat, die auf Germaniens rauhem Boden aller Bildung überhaupt erst Bahn brach: er empfing in Fulda das Kleid des heiligen Benedikt.⁵) Damit war er Glied des Ordens geworden, der von sich sagen konnte und wollte⁶): „ex scholis omnis nostra salus, omnis felicitas divitiae omnes ac ordinis splendor constansque stabilitas". Hier erhielt er die erste Erziehung und den ersten Unterricht.⁷) Hier konnten sich auch am besten die verborgen schlummernden Fähigkeiten des Knaben entfalten, der als Mann dem Bildungsstreben seiner und einer späteren Zeit die Bahn schaffen und den Inhalt weisen sollte. Schon unter dem ersten Abte Sturmi hatte hier eine Schule bestanden, denn der spätere Abt Eigil wurde zu dieser Zeit „causa litterarum" in das Fuldaer Kloster geschickt, „ubi lex divina iugi exercitatione discitur et docetur cum summa industria"⁸) vom Jahre 779—802 bekleidete Baugulf, Sturmi's Nachfolger, die Abtswürde.⁹) In ihm werden wir den ersten Lehrer des jungen Raban zu erblicken haben. Er war nicht nur ein eifriger Beschützer der Kunst,¹⁰) unter ihm begann auch eigentlich erst das wissenschaftliche Leben in Fuldas Klostermauern sich zu entwickeln.¹¹) Er selbst schrieb noch als Abt die Bucolica Virgils ab.¹²) Unter seiner Oberleitung empfing Raban dann auch den Unterricht des

---

¹) Dronke, Cod. diplom. Fuldensis p. 55.
²) „Hinc vero sole meridiano clarius est eum patrem habuisse Walramnum, matrem Waldradam Moguntiae cives, sed genere claro ortos." Comment de reb. Franc. I, 730.
³) Hrabanstudien. Sitzungsber. der Akad. der Wissensch. zu Berlin 1898. III, 28.
⁴) Zu dem anziehenden Bilde, das Willems, Scholae Benedictinae in den Studien und Mitteil. aus dem Benediktiner= und Cisterzienserorden 1897, II, 259 ff. von der Jugendzeit des Raban malt, leiht auch ihm der unzuverlässige Trithemius die „vivi colores".
⁵) „Quo monachus factus seniorum iussa sequebar.
  Norma mihi vitae regula sancta fuit."
Mon. Germ. poet. lat. II, 244 v. 5.
⁶) Ziegelbauer, Hist. ord. S. Bened. I, 652.
⁷) Mon. Germ. poet. lat. II, 244 v. 2.
⁸) Candidi vit. Eig. Mon. Germ. SS. XV, 1, 223.
⁹) Catal. abbat. Fuld. Mon. Germ. SS. XIII, 272.
¹⁰) Dohme, Geschichte der deutschen Baukunst. S. 12.
¹¹) Wattenbach, Deutschlands Geschichtsquellen im Mittelalter. 6. Aufl. 1893. I, 231.
¹²) Kunstmann, Hrab. Magn. Maurus 1841, S. 35.

Mönches Baturich,[1]) eines Bayern,[2]) als dessen „Zögling" er sich selbst bezeichnet.[3]) Aus dem lebendigen Interesse, mit dem der spätere Bischof von Regensburg (817—848) jegliche literarische Thätigkeit in seiner Diözese förderte,[4]) kann man einigermaßen schließen, wie anregend und fördernd er auf seinen lerneifrigen und wissensdurstigen Schüler eingewirkt haben wird. Die geistige Entwicklung Rabans schritt somit gut vorwärts. Mit besonderem Eifer gab sich unser junger Klosterschüler der Beschäftigung mit der heil. Schrift hin.[5]) Freilich wird er jetzt kaum schon in die Fächer des Triviums und Quadriviums, die das höhere allgemeine Wissen der damaligen Zeit umfaßten, eingeführt worden sein; dies ist in der bedeutenderen Schule zu Tours geschehen. Aber daß er hier eine einseitig elementar=klerikale Ausbildung empfangen habe, ist gleichfalls zu bezweifeln nach dem damals erfolgten Erlaß Karls d. Gr. an den Abt Baugulf, in dem der Kaiser mahnt, „das Studium der Profanwissenschaften eifrig zu pflegen", freilich mit der Abzweckung, „ut rectius et facilius divinarum scripturarum mysteria valeatis penetrare.[6]) Baugulf, der mit scharfem Blicke schon Einhards wissenschaftliche Begabung erkannt und ihn deshalb von Fulda an Karls Hof gesandt hatte,[7]) scheint bald bemerkt zu haben, daß auch für die großen Anlagen des jungen Raban und seinem aufstrebenden Geist Fuldas Schule mit der Zeit zu enge würde. Er schickte deshalb den ihm anvertrauten Knaben („hunc puerum") um das Jahr 796[8]) zu Alcuin nach Tours.

„Abbas namque suus Fuldensis rector ovilis
Illum huc direxit ad tua tecta pater."[9])

Ein derartiger Wechsel der Schule, um sich in den Disziplinen des Triviums und Quadriviums weiter auszubilden, war ja nichts

---

[1]) Epistolae Fuldenses, hrgb. von Dümmler. Forschungen zur deutsch. Geschichte, V, 375.
[2]) Janner, Geschichte der Bischöfe von Regensburg. 1883. I, 162.
[3]) „Accipe, sancte pater, labiis quod praestat alumnus
Offert suppliciter quod tibi mente manu."
Ad Baturic. episc. Mon. Germ. poet. lat. II, 173. Die Angabe, daß Baturich Rabans Schüler gewesen sei (Specht, Gesch. des Unterrichtsw. 1885. S. 379. Wattenbach, Deutschl. Geschichtsquellen 6 Aufl. 1893. I, 289 u. a.) ist also irrig.
[4]) Braunmüller, Namhafte Bayern im Kleide des heil. Benedikt. Programm. Metten 1881, S. 30.
[5]) „Erat enim in Scripturis a pueritia valde studiosus."
Rudolfi mirac. Sanct. Fuld. Migne, patrol. lat. CVII, 65.
[6]) Karoli encyclica de litteris colendis. Mon. Germ. hist. leges I, 52.
[7]) Ebert, Geschichte der Literatur des Mittelalters 1880. II, 92.
[8]) Ein scherzhaftes Gedicht Theodulfs von Orleans aus dem Jahre 796 ist an Raban („corvulus") in Tours gerichtet. Vgl. Ebert, Berichte der k. sächs. Gesellsch. der Wissensch. phil.=hist. Klasse. 1878. II, 98 ff. Dümmler im Neuen Archiv der Gesellsch. für ält. deutsche Geschichtskunde. 1893. XVIII, 66 ff.
[9]) Mon. Germ. poet. lat. II, 160 v. 9. Auch Dümmler denkt hier an Abt Baugulf. Sitzungsber. d. Akad. d. Wissensch. zu Berlin 1898. III, 28.

ungewöhnliches.¹) Hier schloß Raban einen Freundschaftsbund mit seinem Mitschüler Samuel²) — „a puero ibidem educatus"³) —, dem späteren Bischof von Worms (841), ein Bund, der vor allem gegründet erscheint auf die innige Verehrung, mit der beide zu dem ehrwürdigen Altmeister der damaligen Wissenschaft emporblicken. Er ruft ihm später zu:

„Quod quondam docuit Albinus rite magister,
Hoc pectus teneat, hoc opus omne probet."⁴)

Und in der That verdankt Raban das, was er geworden ist, vor allem seinem Aufenthalte in der Academia Turonensis. Sein großer Lehrer zeigte sich bald als sein geistiger Vater. Sein Herz hing an dem sittenreinen Schüler — „sancte puer Benedicti" redet er ihn einmal an⁵) — mit inniger Liebe.⁶) Ganz in seiner Art fand er einen sinnigen Ausdruck für diese Zuneigung, indem er seinem Lieblingsschüler den Namen Maurus beilegte,⁷) den auch der Lieblingsschüler des heil. Benedikt geführt hatte.⁸)

Ueber die Studien, denen der junge Franke aus der Buchonia in der damaligen Hochschule und Musteranstalt des Reiches obgelegen hat, können wir uns durch Alcuin selbst Aufklärung geben lassen. Dieser schreibt in einem Briefe an Karl den Großen: „ego vero Flaccus vester secundum exhortationem et bonam voluntatem vestram aliis per tecta S. Martini sanctarum mella scripturarum ministrare satago; alios vetere antiquarum disciplinarum mero inaebriare studeo; alios grammaticae subtilitatis enutrire pomis incipiam, quosdam stellarum ordine (ceu pictor cuilibet magnificare domus culmina) inluminare gestio, plurima plurimis factus⁹) . . . Auf Raban direkt hindeutend heißt es ferner in der intercessio Albini:

„Hunc puerum docui divini famine verbi
Ethicae monitis et sophiae studiis."¹⁰)

---

¹) Vit. S. Abbonis c. 3. Mab. Acta SS. VI. 1, 35.
²) Ad Samuel. Mon. Germ. poet. lat. II, 190 v. 13.
³) Wattenbach, Deutschlands Geschichtsquellen. 6. Aufl. 1893. I, 235.
⁴) Ad Samuel. Mon. Germ. poet. lat. II, 190 v. 19 sq.
⁵) Monum. Alcuiniana, hrgb. von Wattenbach und Dümmler. 1873. Jaffé, Bibl. rer. Germ. VI, 801.
⁶) Monum. Alcuiniana, hrgb. von Wattenbach und Dümmler. L. c. schreibt er kurz vor seinem Tode an Raban „Dilige diligentemte."
⁷) M. litteram Mauri nomen exprimentem, quod magister meus beatae memoriae Albinus mihi indidit." Migne patrol. lat. CIX, 9 cf. Alcuini carm. LI, 2. Mon. Germ. poet. lat. I, 264.
⁸) Greg. Dialog. II. c. 3.
⁹) Monument. Alcuiniana, hrgb. von Wattenbach und Dümmler 1873. Jaffé, Bibl. rer. Germ. VI, 345 sq.
¹⁰) Mon. Germ. poet. lat. II, 160 v. 5 sqq.
Unter „Ethica" begreift Alcuin die vier Haupttugenden der prudentia. iustitia, fortitudo, temperantia.

In dieser Absicht hat der Abt Baugulf den Fuldaer Klosterschüler nach Tours geschickt.

„Illum huc direxit . . . .
Quo mecum legeret metri scholasticus artem
Scripturam et sacram rite pararet ovans."[1])

Raban ist demnach hier in die Bildungsstoffe des Triviums, die hier in der Weise des zeitlichen Nebeneinander („quotidie") im Unterrichte behandelt wurden, eingeführt worden. Sie sollten ihn hinführen zu dem Endziel und Endzweck alles damaligen Studiums, zu der heil. Schrift; denn die artes liberales sind für Alcuin die notwendigen Vorstufen und Grundlagen, um die heil. Schrift verstehen zu können.[2]) Sie sind, um im Bilde zu reden, der Vorhof zum Heiligtum. In diesem Sinne schärft Alcuin seinen Klosterschülern ein „per has, filii carissimi, semitas vestra quotidie currat adolescentia, donec perfectior aetas et animus sensu robustior ad culmina sanctarum scripturarum perveniat."[3]) Dabei scheint es einer ausdrücklichen Hervorhebung wert zu sein, daß Alcuin auch in seiner Wertschätzung der antiken Klassizität nicht ohne Einfluß auf den empfänglichen Raban gewesen sein kann. Raban nahm jedenfalls von Tours das Bewußtsein mit, daß die klassische und die kirchliche Tradition nicht von einander zu trennen seien, daß vielmehr die Kirche erst dann ihre Aufgabe als Trägerin der Kultur lösen könne, wenn sie nicht nur die letztere unter ihren Schutz nimmt.[4]) Das ist wichtig für seine spätere Stellung zur antiken Literatur. Es ist überhaupt ohne weiteres dem beizustimmen, daß dieser mehrjährige Aufenthalt Rabans in Tours für sein ganzes Leben und späteres Wirken von allergrößter Wichtigkeit gewesen ist.[5]) Hier scheint er zu seiner ganz erstaunlichen Bibelkenntnis den Grund gelegt zu haben,[6]) und ebenso ist seine Gewandtheit in der lateinischen Verskunst, die kompilatorische Art seiner exegetischen Thätigkeit, seine Neigung zu etymologischer Deutung und Zahlensymbolik, wie besonders seine in die Individualität des Schülers sich versenkende Lehrweise[7]) speziell dem Einfluß Alcuins zuzuschreiben.

Wann Raban die Schule des hl. Martin verlassen hat, ist nicht ganz genau zu bestimmen. Im Jahre 801 finden wir ihn jedenfalls in Fulda wieder. In diesem Jahre empfängt er hier unter Baugulf die

---

[1]) Interc. Alb. Mon. Germ. poet. lat. II, 160 v. 10 sqq.

[2]) K. Werner, Alcuin. Wetzer und Welte, Kirchenlexikon oder Encyklopädie der kathol. Theologie. 2. Aufl. I, 465.

[3]) Alc. grammatica opp. ed. Frobenius II. 1, 268.

[4]) Möller=Hahn, Alcuin. Realencyklopädie für protest. Theologie und Kirche. 3. Aufl. 1896. I, 368.

[5]) Kappes, Geschichte der Pädagogik. 1898. I, 350.

[6]) Palmer, Hrab. Maurus in Schmids Encyklopädie des ges. Erziehungs= und Unterrichtsw. 2. Aufl. 1880. III, 612.

[7]) Blasius, Die Erziehung im Mittelalter in K. A. Schmid, Gesch. der Erziehung. 1892. II. 1, 200.

Weihe als Diakon.¹) Doch sein Aufenthalt in Fulda währte nicht lange. Er sehnte sich hinweg aus dem heimatlichen Kloster, sein Herz war mit tausend Fäden an Tours geknüpft. Ratgar, der 802 Baugulfs Nachfolger geworden war,²) sandte ihn auf seine Bitten mit dem Mönche Hatto wieder nach der Schule Alcuins.³) Er that dies freilich kaum aus besonderem Interesse für die Fuldaer Klosterschule, noch weil er wissenschaftlichem Streben besonders hold gewesen wäre: die Thatsache, daß Karl d. Gr. in den Schlußworten des oben erwähnten Dekretes dessen Durchführung verlangte, und daß der vielvermögende Alcuin Rabans Gönner war, erklärt seine Nachgiebigkeit zur Genüge. — Während dieses zweiten Aufenthaltes in Tours, der allerdings nicht einmal ein ganzes Jahr gedauert haben kann,⁴) konnte Raban seine Ausbildung zum Lehrer und Reorganisator der Fuldaer Klosterschule vollenden. In dieser Zeit empfing er von seinem Lehrmeister die Anregung zu seinem berühmten Gedicht de laudibus s. crucis,⁵) welches er erst längere Zeit nach Alcuins Tode in einem Alter von dreißig Jahren vollendete.⁶) Am wichtigsten aber erscheint, daß ihm das Bild Alcuins fortan als Idealbild eines Lehrers — „magister beatae memoriae" nennt er ihn⁷) — vor der Seele schwebte, daß er unter ihm wie kein anderer zu seiner Zeit den gelehrten Weg des Triviums und Quadriviums selbst durchwandert und sich so die Gesamtheit des damaligen Wissens angeeignet hatte. Jetzt war er im stande, dasselbe, sei es in stärkeren oder schwächeren Farben, seinerseits wieder auf weitere Kreise zu übertragen. Die Vorbedingungen zu dem, was einen tüchtigen praeceptor ausmacht, waren somit gegeben. Raban konnte nunmehr an der Klosterschule zu Fulda seine Lehrthätigkeit beginnen, die später von so nachhaltigen Wirkungen begleitet sein sollte, denn niemals wird die Glanzzeit Fuldas von dem Namen Rabanus Maurus zu trennen

---

¹) Annal. Lauriss. min. Mon. Germ. SS. I, 120. Sollte für das Diakonat ein Alter von 25 Jahren vorgeschrieben gewesen sein, (Act. SS. ord. S. Bened. IV. 2, 22), so ist darum unsere Angabe des Geburtsjahres noch nicht hinfällig; es könnte sogar auffallend erscheinen, wenn bei einem Jünglinge wie Raban, der die geistige Reife und Begabung eines 25jährigen längst besaß, nicht der Termin abgekürzt wäre. Vgl. Dümmler, Hrabanstudien. Sitzungsber. der Ak. der Wissensch. zu Berlin. 1898. III, 27.

²) Catal. abbat. Fuld. Mon. Germ. SS. XIII, 340.

³) „Eo quoque tempore Hrabanum et Hatton Turonis direxit ad Albinum magistrum liberales discendi gratia artes." Mon. Germ. SS. XIII, 272.

⁴) Alcuin starb schon am 19. Mai 804. Mon. Germ. SS. III, 123. IV, 6.

⁵) „Libellum, quem me rogante scribi promisisti, rogo, ut tua fiat promissio firma et mea impleatur laetitia." Mon. Alcuiniana hrgb. von Wattenbach und Dümmler 1873. Jaffé, Bibl. rer. Germ. VI, 801.

⁶) „Ast ubi sex lustra implevit iam scriberetemptans Ad Christi laudem edidit arte librum." Mon. Germ. poet. lat. II, 160.

⁷) Rab. praefat. in libr. IV reg. Migne, patrol. lat. CIX, 9.

sein. Eine unbefangene Beurteilung wird freilich ebenso unumwunden anerkennen müssen, daß der Aufschwung Fuldas in seinen letzten Ursachen an das einflußreiche Wirken Alcuins in Tours anknüpft.[1]

---

[1] Werner, Alcuin und sein Jahrhundert. 2. Aufl. Wien 1881. S. 101. Von dem Nachwirken der Lehrthätigkeit Alcuins bei Raban wird sehr eingehend gehandelt in: Alcuin und the Rise of the Christian Schools, by Andrew Fleming West, New-York 1892.

II.

Die Lehrthätigkeit Rabans in Fulda in ihrer Bedeutung für das Aufblühen der dortigen Klosterschule zur ersten Bildungsstätte Deutschlands.

Als Raban um das Jahr 803 nach Fulda zurückgekehrt war, trat er hier sogleich in die Thätigkeit eines Lehrers an der Klosterschule. Durch die Trennung von Tours wurde das innige Verhältnis zwischen ihm und dem greisen Alcuin nicht gelockert. Ein reger Briefwechsel verband beide.[1] Mit Ausdrücken herzlicher Liebe und schönen Worten ernster Mahnung schreibt Alcuin an den jungen Fuldaer Magister: „tu vero, fili carissimi, in caritate te ipsum exerce . . . . . quaere Christum in litteris prophetarum praedictum et in evangelica ostensum auctoritate. Et dum invenias eum non amittas eum, sed introduc eum in domum cordis tui et habeto eum rectorem vitae tuae. Et quidquid accepisti a magistro vel spiritu inspirante sancto intellegas, trade diligentissime et doce . . . . . ammoneasque adulescentulos, qui tecum sunt de castitate corporis etc."[2] Kurz vor seinem Tode wünscht Alcuin seinem Lieblingsschüler noch in einem Briefe Glück zu seinem Lehramte: „feliciter vive cum pueris tuis!"[3]

Alcuin hatte seinem Schüler gleichsam den Glauben an die Zukunft seiner Lehrmission ins Herz gesenkt. Das war nötig, denn die Gegenwart sollte sich für Raban nur allzubald recht düster gestalten.

---

[1] „Literarum series tuarum laetificavit oculos meos." Alc. ep. Mon. Alc., hrgb. von Wattenbach und Dümmler. Jaffé, Bibl. rer. Germ. VI, 874.
[2] Alc. epist. Mon. Alc. l. c. p. 875.
[3] Alc. epist. Monum. Alcuiniana, hrgb. von Wattenbach und Dümmler. 1873. Jaffé, Bibl. rer. Germ. VI, 801.

Die erste Periode seiner Lehrthätigkeit, die wir vom Jahre 803—817 setzen,[1]) sollte eine Zeit des schwersten Druckes und der Prüfung für ihn werden. Anstatt die Fuldaer Schule aufblühen zu sehen, mußte er den zunehmenden Verfall derselben miterleben, ohne etwas dagegen thun zu können, daß fast alles wissenschaftliche Leben im Kloster erlosch — gewiß ein herber Schmerz für ihn, der begeisterten Herzens mit dem von Alcuin empfangenen Pfunde jetzt hätte wuchern mögen, der am liebsten im Lehren und Lernen ganz aufging. Aeußere Ursachen und innere Zerwürfnisse waren an diesem Stand der Dinge schuld. Eine im Jahre 807 hereinbrechende Pest verschonte auch Fulda nicht;[2]) bald stand die Schule verlassen da. Diejenigen Knaben, die der Tod nicht hinweggerafft hatte, entflohen den Klostermauern, nachdem sie sich gegen ihren Aufseher empört und ihn arg mißhandelt hatten.[3]) Der schlimmste Feind, der jede geistige Fortentwicklung auf lange Zeit hemmte und störte, erstand dem Kloster aber in seinem eigenen Abte Ratgar. Er hatte nur eine Leidenschaft als Abt, das war seine ungezügelte Baulust, unter der alle zu leiden hatten.[4]) Bei der Herstellung seiner Prachtbauten quälte er nicht nur außerhalb des Klosters die Hörigen, sondern auch innerhalb desselben die Brüder aufs äußerste.[5]) Sein Charakter erscheint in den dunkelsten Farben, denn er wird als rücksichtslos,[6]) streitsüchtig,[7]) halsstarrig,[8]) tyrannisch,[9]) roh und herzlos selbst gegen altersschwache Greise[10]) geschildert. Er verwandte die Mönche und Klosterschüler als Bauhandwerker, so daß man von einem Schulbetrieb unter ihm kaum wird reden können. Völlige Totenstille in wissenschaftlicher Hinsicht mußte eintreten, als er den Mönchen, jedenfalls um sie für seine Baupläne gefügiger zu machen, ihre sämtlichen Bücher wegnahm. Auch Raban traf dies harte Los und nichts fruchtete seine demutsvolle Bitte um Rückgabe seiner „glosae par-

---

[1]) Im Jahre 817 wird Ratgar abgesetzt und an seiner Stelle wird Eigil Abt von Fulda. Annal. Fuldens. ad a. 817. Mon. Germ. SS. I, 123.
[2]) „Mortalitas maxima in monasterio S. Bonifatii." Annal. Lauriss. min ad a. 807. Mon. Germ. SS. I, 120.
[3]) „Aufugiunt pueri, puerorum et pessime custos consiliis pravis conviciis multis laceratur." Annal. Lauriss. min. Mon. Germ. SS. I, 120.
[4]) Kunstmann, Hrab. Magn. Maurus 1841. S. 44 ff.
[5]) „Immensa vero aedificia, pater et opera non necessaria quibus familiae foris et intus fratrum congregatio fatigatur." Candidi vit. Eig. c. 10. Mon. Germ. SS. XV, 228.
[6]) „Saepe commemorans austeritatem indiscreti pastoris." Candidi vit. Eig. c. 4. Mon. Germ. SS. XV, 224.
[7]) „Sub abbate ligitioso." Candidi vit. Eig. c. 5. Mon. Germ. SS. XV, 225.
[8]) „Dimittentes propter unius conservi obstinationem locum vestrum et legem?"
[9]) „Indiscreto regnante tyranno." Cand. vit. Aeigil. Mon. Germ. poet. lat. II, 106 v. 26.
[10]) Candidi vit. Eig. c. 5. Mon. Germ. SS. XI, 224.

vique libelli".[1]) Der fortgesetzte Druck trieb die Mönche schließlich zu offener Empörung. Gegen das willkürliche Regiment Ratgars richteten sie eine Beschwerdeschrift an den Kaiser.[2]) Dieser suchte zu vermitteln, aber ohne Erfolg: der größte Teil der Mönche verließ zuletzt das Kloster.[3]) Obwohl Raban selbst dablieb, scheint er diesen Schritt seiner Brüder doch völlig zu begreifen.[4]) Endlich trat mit dem Jahre 817 eine günstige Wendung der Dinge ein; die Fuldaer Annalen melden von diesem Jahre: "Ratgarius, abbas Fuldensis coenobii, accusatus a fratribus et convictus, deponitur."[5])

Die Zeit geistigen Dunkels, in der Raban seufzen mußte, "me paupertas suffocat ingenii",[6]) war vorbei. Raban hatte unter "Geistesarmut" leiden müssen, er hat diese geistige Oede damals wie kaum ein anderer verspürt, aber — und das ist das große — überwältigt hat ihn der Geistes= und Körperdruck dieses Decenniums nicht. Sein Geist konnte wohl leiden, aber nicht erlöschen. So vollendete er unter der größten Ungunst der Verhältnisse nach langer, vielleicht sich durch zwölf Jahre hindurchziehender Arbeit sein dichterisches Kunst= werk de laudibus sanct. crucis im Jahre 814.[7]) Am 23. Dezember desselben Jahres empfing er von Haistolf, dem Mainzer Erzbischof, die Priesterweihe.[8])

Der Same, den Raban als Lehrer zuerst ausgestreut hatte, war gar nicht zum Aufkeimen gekommen, dann hatte dem jungen magister das Ackerfeld für seine Thätigkeit überhaupt gefehlt. Der tiefe Schmerz, mit dem er dies alles empfand, mußte ihm aber immer mehr Klarheit

---

[1]) „Ne quia quaecunque docuerunt ore magistri,
Ne vaga mens perdat, cuncta dedi foliis.
Hinc quoque nunc constant glosae parviquo libelli.
Quos precor indigno reddere praecipias."
Ad Ratg. abbat. Mon. Germ. poet. lat. II, 186 v. 7 sqq.
[2]) Der supplex libellus bei Mabillon Act. SS. ord. S. Bened. IV. 1, 247.
[3]) Zu den kaiserl. Vermittlungsversuchen vgl. Annal. Lauriss. min. ad a. 809 et 812. Mon. Germ. SS. I, 120.
„Donec vi nimia pastum fontosque fluentes
Dulcia namque loca et stabula alta coactus
Deserit (sc. grex), atque fuga regnis docessit avitis."
Cand. vit. Acigil. Mon. Germ. poet. lat. II, 99.
[4]) Raban sagt in seinem auf diesen Vorgang bezüglichen Metrum de transitu monachorum:
„Trux deturbat oves, caede cruentat,
Nullius miseret, saevit in omnes.
His commota malis turba relinquit
Antiquum stabulum, fit peregrina.
Mon. Germ. poet. lat. II, 204 sq.
[5]) Annal. Fuldens. ad a. 817. Mon. Germ. SS. I, 356.
[6]) Mon. Germ. poet. lat. II, 186 v. 6.
[7]) Dümmler, Hrabanstudien. Sitzungsber. der Akad. der Wissensch. zu Berlin 1898. III, 30.
[8]) Annal. Lauriss. min. Mon. Germ. SS. I, 120.

über sich selbst bringen. Und wenn diese Zeit des Dunkels je eine Zeit der Selbstprüfung für ihn gewesen ist, so mußte ihm jetzt deutlich werden, auf welches Feld des Schaffens er durch seine ganze geistige Entwicklung hingewiesen war: er war zum Lehrerberuf bestimmt, er war nicht glücklich, wenn er nicht lehren konnte. Die schlimme Zeit unter Ratgar ist deshalb nicht nur unter negativen Gesichtspunkten zu beurteilen. Wir finden überhaupt in Rabans Leben ein heilsames Zusammenwirken von Umständen, welche mit dazu halfen, ihn zu der Höhe zu führen, auf der wir ihn später als praeceptor Germaniae sehen.

Im Jahre 818 wurde Eigil an Ratgars Stelle gesetzt.[1]) Der neue Abt, der seinen Sinn für gelehrte Thätigkeit schon vorher durch seine Vita Sturmi bekundet hatte,[2]) übergab sofort dem Raban die Oberleitung der Schule.[3]) Dieser war — das hatte Eigil längst erkannt — die geeignete Persönlichkeit, um die Studien zu neuem Leben zu wecken. Und in der That entwickelte sich in der kürzesten Zeit in Fulda jetzt eine solche Gemeinschaft des Lehrens und Lernens, wie sie Deutschland noch nicht gesehen hatte. Freilich wollen wir hier auch nicht vergessen, daß es an einer wichtigen Vorbedingung für dies mächtige Aufblühen im Kloster nicht gebrach. Reiche wissenschaftliche Schätze, wie sie in der damaligen Zeit kein ostfränkisches Kloster besaß, standen Raban bei seinem Amtsantritt in der Bibliothek zur Verfügung. Dies ersehen wir aus seinen an den schon 818 verstorbenen[4]) Presbyter Gerhoh gerichteten Worten:

"Quicquid ab arce Deus caeli direxit n orbem
Scripturae sanctae per pia verba viris,
Illic invenies, quicquid sapientia mundi
Protulit in medium temporibus variis."[5])

Eigil aber ließ es an sich nicht fehlen, wo es galt, den geistigen Fortschritt zu befördern.[6]) Er führte nicht nur selbst mit Raban gern wissenschaftliche Controversen,[7]) sondern regte auch besonders die jüngeren Mönche dazu an, in seiner Gegenwart sich mit dem Leiter der Schule in gelehrte Diskussionen einzulassen.[8]) So verstehen wir die Liebe, mit der Raban an seinem Abt, seinem "praeceptor, pastor, semper

---

[1]) Annal. Fuldens. ad a. 818. Mon. Germ. SS. I, 336.
[2]) Mon. Germ. SS. II, 365 sqq., vgl. Ebert, Gesch. der Literatur des Mittelalters. 1880. II, 104 ff.
[3]) Hauck, Kirchengesch. Deutschlands. 1890. II, 562. Anm. 2.
[4]) Annal. necrolog. Fuldens. Mon. Germ. SS. XIII, 171.
[5]) Ad Gerhohum presb. Mon. Germ. poet. lat II, 187 v. 13 sqq.
[6]) „Diligebat . . . . . maxime illos, quos in Dei servitio atque divina lectione studiosos esse cognovit." Candidi vit. Eig. c. 20. Mon. Germ. XV, 231.
[7]) „Disputationem quoque saepius cum Hrabano magistro, qui ei erat speciali familiaritate coniunctus, excepit." Candidi vit. Eig. c. 20. l. c.
[8]) „Et frequenter in disputando ad hoc solummodo nos cum ipso in eius praesentia concitavit." Candidi vit. Eig. c. 20 l. c.

amicus" hängt.¹) In anmutenden Worten weiß er diesem innigen Freundschaftsverhältnis zu dem Förderer seiner Thätigkeit und seiner gelehrten Bestrebungen Ausdruck zu geben.²)

„Sis mihi semper idem, quia sum tibi semper et idem
Semper amicus amat, semper amandus erit."

Unter diesen günstigen Vorbedingungen füllten sich bald die Schulräume des berühmten Klosters des heil. Bonifatius, in dem seit dem Jahre der Synode zu Aachen 817 neben der schola interior für die Kleriker, auch eine schola exterior für Laienschüler bestand.³) Tüchtige Gehilfen wie Samuel, der spätere Bischof von Worms, standen unserem Raban in seiner Lehrwirksamkeit zur Seite.⁴) In das Dunkel, welches über Deutschland lagerte, begannen jetzt die ersten Lichtstrahlen zu fallen. Aus der Fremde sowohl wie ganz besonders aus deutschen Gauen sammelten sich Schüler zu den Füßen des berühmten Fuldaer Magisters, der so in der That zu einem „multorum iure magister" wird.⁵) Ueber die einzelnen Schüler Rabans, die das Wissen und die Lehrweise ihres Meisters nach allen Gegenden Deutschlands hin verpflanzten, wird später die Rede sein. Ueberall finden wir Raban thätig, er ist auch in der Knabenschule „infantum doctor optimus."⁶) Es ist klar, daß er jetzt weniger, als er wohl gewünscht hätte, zu eigenen wissenschaftlichen Studien kam. Um das Jahr 821 klagt er in einem Schreiben an den Erzbischof Haistolf von Mainz, wie wenig er „prae nutrimento parvulorum, quod non parvam nobis ingerit molestiam", sich mit dem Lesen der Kirchenväter befassen könne.⁷) Dem Unterricht und seinen wissenschaftlichen Studien obzuliegen, das war, wie man sich treffend ausgedrückt hat, in der That „die einzige Leidenschaft dieses leidenschaftslosen Mannes."⁸) Der große Schüler Alcuins fühlte sich nicht darüber erhaben, auch für seinen Unterricht in der Klosterschule noch von anderen Lehrern zu lernen, gern ist er ein „bene docentium auditor", um immer mehr ein „bene laborantium aliquantulus adiutor" sein zu können.⁹) Er vervollkommnet sich, um immer besser seine vornehmste Lebensaufgabe erfüllen zu können, ein wahrer praeceptor für alle Wissensdurstigen zu sein. Seine Schüler wissen, was sie ihm verdanken, sie erkennen sein großes Verdienst an. Candibus

---

¹) Ad Eig. Mon. Germ. poet. lat. II, 186. XXII v. 4.
²) Ad Eigil. Mon. Germ. poet. lat. II, 187 v. 9 sq.
³) . . . . „Etiam in scholis illis discere, quae praeter ecclesiam sunt." Rab. De clericorum institutione. Migne, patrol. lat. CVII, 398.
⁴) Ad Samuel. presb. Mon. Germ. poet. lat. II, 190 v. 13 sqq.
⁵) Mon. Germ. poet. lat. II, 111. XVII v. 100.
⁶) Mon. Germ. poet. lat. II, 114. XXII v. 5.
⁷) Praefat. ad Heist. Migne, patrol. lat. CVII, 729.
⁸) Hauck, Kirchengesch. Deutschlands. 1890. II, 572.
⁹) Ad Marcharium im Prolog zum lib. computo. Migne patrol. lat. CVII, 671.

(Brunn) rühmt ihn als den „pater et pastor, meritis et dogmate celsus".[1]) So ist es auch nicht zu verwundern, daß die dankbaren Mönche ihren berühmten Lehrer, der Fulda zu der Blüte erhoben hatte, deren sie sich freuten, bei eintretender Sedisvacanz zu ihrem Abte erwählten. Im Jahre 822, in dem Abt Eigil starb,[2]) folgte ihm Raban in der Abtswürde.[3]) Zwanzig Jahre lang, bis zum Jahre 842, bekleidete er sein Amt „nobiliter et egregie".[4]) Es ist natürlich, daß die neue glänzende Würde ihm auch eine gewaltige Bürde auferlegte. Eine Fülle von Geschäften brachte besonders die Sorge für den äußeren Besitzstand des Klosters,[5]) die Verwaltung der weit ausgedehnten Klostergüter[6]) mit sich. Manche Stunden seiner Lehrthätigkeit und seiner Studien raubten ihm seine praktischen Amtspflichten. Er besaß eine viel zu ausgeprägte Gelehrtennatur, als daß er dies nicht schmerzlich empfunden hätte. Das sehen wir aus den Briefen, die er in dieser Zeit an den Bischof Freculf von Lüttich richtete.[7]) Freilich konnte er als Abt andererseits wieder mit einer viel größeren Selbstständigkeit als vorher an der Wohlfahrt der seiner Oberaufsicht anvertrauten Schule arbeiten. Und dazu war er viel zu sehr Lehrer, daß er nicht auch als Abt, auch wo er das Magisterium in die Hände eines anderen legen mußte, die Klosterschule als das kostbarste ihm anvertraute Kleinod gehütet hätte. Auch hierin war sein ehemaliger Lehrer, der Abt von Tours ihm Vorbild. Das geistige Wohl der ihm Untergebenen kam für ihn in erster Linie in betracht. Hierfür haben wir in seinem Schüler Rudolf einen vollgültigen Zeugen. Dieser schreibt: „quotiescunque a curis saecularibus — quas prout possibile erat, toto nisu declinabat — liber esse permittebatur, aut alios sacris litteris instruebat aut in legendo vel dictando divinis Scripturis semetipsum pascebat."[8]) Demselben Rudolf übertrug Raban jetzt die Leitung der Klosterschule.[9]) Neben ihm waren

---

[1]) Candidi vit. Aeig. Mon. Germ. poet lat. II, 115. XXIV, 20.
[2]) Catalog. abbat. Fuld. Mon. Germ. SS. XIII, 273.
[3]) Dronke, Cod. dipl. Fuldens. p. 181.
[4]) Dronke, Zur Chronologie der Fuldaer Aebte. Zeitschrift für hess. Gesch. V. 1, 32.
[5]) Kunstmann, Hrab. Magn. Maurus. 1841. S. 95 f.
[6]) Uhlhorn, Entwicklung des Mönchtums im Mittelalter in Briegers Zeitschr. für Kirchengeschichte. 1894. XIV, 353.
[7]) „Verum haec quantum meam possibilitatem excedunt, tu melius nosti, cum in difficillimo loco conversans, propter curam gregis Dominici, ne ei necessaria desint, tantum occupatus sim, ut nec aliorum dicta perlegere nec propria excogitare liceat." Praefat. in Genesim Migne, patrol. lat. CVII, 441 cf. Praefat. in Levit. Migne, patrol. lat. CVIII, 247.
[8]) Rudolfi mirac. Sanct. Fuld. Migne, patrol. lat. CVII, 43.
[9]) Specht, Geschichte des Unterrichtswesens. 1885. S. 302. Diese Annahme ist wahrscheinlicher als die bei Mabillon sich vorfindende, wonach dem Candidus die Leitung anvertraut wäre.

noch andere Lehrer mit Unterricht betraut, und sicherlich waren es die Fähigsten und Gebildetsten, die zu diesem Zweck ausgewählt wurden. Einer von ihnen ist Candidus,[1]) ein anderer Walahfrid Strabus, der den grammatischen und metrischen Unterricht eine Zeit lang erteilt haben wird.[2]) Rüstiger Lehreifer und lebendiger Lerneifer mußten sich unter einem Abte in immer höherem Grade entwickeln, dessen erste und letzte Sorge der Fortschritt der Klosterschüler war: „curaque maxima circa profectum discipulorum."[3]) Ohne die äußere Schule zu versäumen, scheint Raban selbst vor allem die theologische Unterweisung der gereifteren Kleriker sich vorbehalten zu haben. So wurde Servatus Lupus von dem Erzbischof Albric von Sens im Jahre 829 nach Fulda geschickt,[4]) um „von dem verehrungswürdigen Raban in die heil. Schrift eingeführt zu werden".[5]) Bald preist er den „illustris abbas Rabanus"[6]) als einen „eximius praeceptor".[7]) Und wenn dieser feinsinnige Humanist des 9. Jahrhunderts, der durch mehrere Schulen hindurchgegangen war, als neuerwählter Abt von Ferrières dankerfüllten Herzens seinem Lehrer schreibt: „studia mea plurimum eruditione vestra ad iuvistis,"[8]) so begreifen wir nur um so leichter, wenn man das Fulda dieser Zeit als den Sammelplatz aller nach höherer Bildung strebenden Kleriker" hat bezeichnen können.[9]) Auch der berühmte Verfasser der Lebensbeschreibung Karls d. Gr., Einhard, schickte „seinen Sohn" Bussinus zu Raban nach Fulda in den Unterricht.[10]) Selbst Fürsten wußten damals für ihre Söhne keine bessere Bildungsanstalt: „Bernhardus filius Ludovici imperatoris in Fuldensi coenobio in adolescentia sacras literas didicit usque ad iuvenilem aetatem."[11]) Dieser Enkel Karls d. Gr. scheint in der schola exterior unterrichtet worden zu sein. Hier muß auch der Neffe Rabans, Gundram,[12]) seine

---

[1]) Candidi vit. Eig. c. 17. Mon. Germ. poet. lat. II, 112 v. 134 sq.
. . . . quondam hac Christi nutritus in aula
presbyter et monachus Bruun vilisque magister."
[2]) „Nam docuit multos, metrorum iure peritus
Dictavit versus, prosa facundus erat."
Rab. epitaph. Walachfr. abb. Mon. Germ. poet. lat. II, 239.
[3]) Rudolfi mirac. Sanct. Fuld. Migne, patrol. lat. CVII, 43.
[4]) Desdevises du Dezert, Lettres de Servat Loup. Paris 1888. p. 10. (Bibliothèque de l'école des hautes études.)
[5]) Desdevises du Dezert. p. 45 „nam a praefato episcopo ad venerabilem Rhabanum directus sum, uti ab eo ingressus caperem divinarum scripturarum."
[6]) Desdevises du Dezert, Lettres de Servat Loup. Paris 1888. p. 58. (Bibliothèque de l'école des hautes études.)
[7]) Desdev. du Dezert l. c. p. 85.
[8]) Desdev. du Dezert l. c. p. 85.
[9]) Bursian, Gesch. der klassischen Philologie in Deutschl. 1883. I, 23.
[10]) Colombel, Vita Hrab. Mauri, primi Germaniae praeceptoris. Programm. Weilburg 1856. S. 10.
[11]) Epistolae Fuldenses, hrgb. von Dümmler. Forschungen zur deutsch. Geschichte V, 374.
[12]) Ueber ihn vgl. Ebert, Gesch. d. Literatur d. Mittelalters 1880. II, 179.

Bildung empfangen haben, denn er selbst bezeugt, daß er das Kleid des heil. Benedikt damals nicht trug.¹) Hervorragend war die schola interior des Klosters. Ein Verzeichnis weist um diese Zeit 140 Mönche auf.²) Aus ihr sehen wir einen Mann hervorgehen, „der an Geist und Wissen den Bedeutendsten seiner Zeit beizurechnen ist",³) den dem Fuldaer Kloster als puer oblatus geweihten Mönch Gottschalk.⁴)

Das auf die Blüte der Anstalt gerichtete Streben Rabans fand erfolgreiche Unterstützung durch Rudolf, den Leiter der Klosterschule, der sich als solcher mit hohem Ruhm bedeckt; denn „apud totius pene Germaniae partes doctor egregius et insignis floruit historiographus et poeta, atque omnium artium nobilissimus auctor habebatur".⁵) Gilt dies schon von dem geringeren Schüler, so liegt der Gedanke nur zu nahe, in welch hohem Ansehen da erst sein größerer Lehrmeister, der eigentliche praeceptor scholae Fuldensis „in den Gauen fast ganz Deutschlands" gestanden haben mag.

---

¹) „Licet diverso habitu, uno tamen serviamus domino." Epist. Gundr. ad Ermanr. M.n. Germ. SS. XV, 154.

²) Mon. Germ. SS. XIII, 217 sqq.

³) Dümmler, Die handschriftl. Ueberlieferung der lat. Dichtungen aus der Zeit der Karolinger. Neues Archiv für ält. deutsche Geschichtskunde. IV, 320.

⁴) Epistolae Fuldenses, hrgb. von Dümmler. Forschungen zur deutsch. Gesch. V, 387.

Die Stellung Rabans zu seinem früheren Schüler im Gottschalkschen Streit liegt unserer Betrachtung fern. Wir verweisen dafür auf Hefele, Konziliengeschichte. 2. Aufl. IV, 134 ff. Schörs, Hinkmar, Erzb. von Reims. 1884. S. 98 ff. Dümmler, Gesch. des ostfränk. Reiches. I, 327. Neuerdings wird Raban sehr scharf beurteilt von Freystedt, Studien zu Gottschalks Leben und Lehre in Briegers Zeitschr. für Kirchengesch. 1898. XVIII, 161 ff. Vgl. besonders S. 168 u. 172.

⁵) Mon. Germ. SS. I, 378.

III.

Die pädagogischen und didaktischen Grundsätze Rabans und ihre praktische Verwirklichung in seiner Lehrthätigkeit an der Schule zu Fulda.

Wir sind der äußeren Entwicklung der Schule zu Fulda unter Raban bis zu ihrem Höhepunkte gefolgt. Die Bedeutung, die der Fuldaer Scholarch für das Bildungswesen seiner Zeit hatte, konnte dabei schon in eine hellere Beleuchtung gerückt werden. Wenn wir aber Raban ganz als den „eximius praeceptor" verstehen wollen, in dem uns das Bildungsideal wie der Bildungsweg seiner Zeitgenossen gleichsam persönlich vor die Augen tritt, so ist vor allem Klarheit notwendig über seine die Erziehung und den Unterricht betreffenden Grundsätze, wie er dieselben theoretisch festlegt und praktisch durchführt. Ueberhaupt ist Rabans Persönlichkeit und Wollen als Lehrer zuvor in möglichst scharf umrissenen Zügen darzustellen, ehe der Versuch, seine Stellung als Deutschlands Lehrer zu begründen, unternommen werden kann.

Seine wichtigsten pädagogischen und didaktischen Prinzipien entwickelt Raban in seinen beiden Schriften „de clericorum institutione"[1]) und „de ecclesiastica disciplina".[2]) Schon aus dem Titel der ersten Schrift entnehmen wir, daß es sich für ihn allein darum handelt, Kleriker d. h. Geistliche, heranzubilden. Und mit Recht, denn die Kirche war ja zugleich die Schule und die Geistlichkeit zugleich der berufene Stand der Lehrenden in dieser Zeit.[3])

a) Forderungen an den Lehrer.

Die Erziehung ist für Raban etwas so hohes, daß er nicht ansteht, sie, die er „Leitung der Seelen" nennt, für die Kunst der Künste zu erklären; — „ars est artium regimen animarum" — nichts ist ihm darum so widerwärtig, als wenn Leute, die er „imperiti" nennt, sich in dies Gebiet drängen.[1]) An die Persönlichkeit des Lehrers stellt

---

[1]) Rab. opp. Migne, patrol. lat. CVII. 297 sqq.
[2]) Migne patrol. lat. CXII, 1191 sqq.
[3]) Nähere Ausführungen bei Cramer, Geschichte der Erz. und des Unterrichts in den Niederlanden während des Mittelalters 1843. p. XX f.
[4]) De cleric. inst. III. c. 1. Migne, patrol. lat. CVII, 377.

er Forderungen, die man im Verhältnis zum Kulturstandpunkt der damaligen Zeit mit Recht als nicht geringe bezeichnet hat.¹)

Auf wissenschaftliche und pädagogische Begabung, sowie sittliche Lauterkeit und Tüchtigkeit kommt ihm alles an. „Scientiae plenitudinem et vitae rectitudinem et eruditionis perfectionem maxime eos habere decet, qui .... gubernaculum regiminis .... tenent".²) Eine möglichst vollkommene wissenschaftliche Ausrüstung und ein reiner Lebenswandel sind für den Lehrer gleich notwendig, „ut bonam vitam sapientia illustret et sapientiam bona vita commendet."³) Raban selbst gab Lehrern wie Schülern hier ein helles Vorbild. Von ihm wird berichtet: „omnibus bonis vivendo atque operando suis semet ipsum formavit exemplum."⁴)

Raban, der selbst ein umfassendes Wissen besaß, — in den Quellen kehren Ausdrücke wie „vis doctus, abbas doctissimus" immer wieder⁵) — welches er als Lehrer weiteren Kreisen mitteilen konnte, nennt es geradezu gefährlich, wenn einer die Last des Lehramts auf sich nehmen wollte, der derselben durch seine wissenschaftliche Bildung nicht gewachsen ist, der in dem eigenen Wissen und Können nicht einen genügend festen Stützpunkt hat.⁶) Nie soll ein Lehrer andere etwas lehren wollen, wenn er den Lehrgegenstand nicht vorher sich selbst in angestrengter Arbeit angeeignet hat: „nulla ars doceri praesumatur, nisi prius intenta meditatione discatur."⁷) Darum mahnt Raban die zukünftigen Lehrer des Volkes, in der Zeit der Muße die Waffen des Geistes zu schmieden, damit sie sich hernach wehren können: „necesse est ut futurus populi rector, dum vacat, paret sibi ante arma, in quibus post modum hostes fortiter superet."⁸)

Auch die geschickteste Lehrthätigkeit erfährt aber die größte Hemmung, wenn der Lehrer nicht das „Beispiel eines nüchternen Lebenswandels" gibt und durch seine Persönlichkeit moralisch kräftigend auf die Schüler einwirkt.⁹) Daß er gerade auf diesen Punkt auch an anderer Stelle

---

¹) Richter, Hrabanus Maurus. Ein Beitrag zur Gesch. der Pädagogik des Mittelalters. Programm. Malchin 1882. S. 10.

²) De cleric. inst. III. c. 1. Migne, patrol. lat. CVII, 377.

³) De cleric. inst. III. c. 1. ! c.

⁴) Catalog. abbas. Fuld. Mon. Herm. SS. XIII, 273.

⁵) Herimanni Aug. Chronic. Mon. Germ. SS. V, 102, 104.

⁶) „Periculosum est cum magisterii pondus subire, qui non scientiae praesidio suffultus, potens est illud sufferre." De cleric. inst. III. c. 1. Migne, patrol. lat. CVII, 377.

⁷) De cleric. inst. III. c. 1. l. c.

⁸) De cleric. inst. III. c. 1. Migne, patrol. lat. CVII, 379. nec discordet vita prudentiae neque sermo dissentiat disciplinae.

⁹) „Oportet quidem cum, qui sapientiae studet, virtuti studere, ut id quod sapienter intelligit in mente, utiliter exerceat in opere et quodcunque boni verbis aliis facere praecipit, suis operibus faciendum esse prius doceat."
De cleric. inst. III. c. 27. Migne, patrol. lat. CVII, 405.

entschieden hinweist, entspricht seiner tief religiösen Tendenz, von der sicherlich auch sein ganzer Schulunterricht geleitet war. Ist es doch immerhin bezeichnend, daß sein Schüler Rudolf ihn, nachdem er ihn „seinen Lehrer" genannt hat, gleich an zweiter Stelle als „vir valde religiosus" charakterisiert.¹) Mit einem Schriftwort begründet Raban den Satz, daß völlige Erkenntnis Gottes und herzliche Liebe zu Gott nicht ohne einander bestehen können. Daß die Liebe ebenso Grund und Voraussetzung alles pädagogischen Handelns ist, darauf weist er schon in diesem Zusammenhange den zukünftigen Erzieher hin mit den Worten „nemo perfecte sapit nisi is, qui recte diligit."²) Deutlicher spricht er dies aus an der Stelle, wo er von den vier Haupttugenden eines Lehrers, der prudentia, iustitia, fortitudo, temperantia, spricht: „super haec omnia", so sagt er: „ut pacis et charitatis fidus exsecutor existat, quae scilicet est vinculum perfectionis."³) Liebe ist demnach die erste Tugend des Erziehers. Der erfahrene Fuldaer Magister, der diese Worte mitten in seiner Lehrthätigkeit für seine Schüler niederschrieb,⁴) wußte wohl, zu welch' starkem Motiv des Strebens vom Lehrer erfahrene Liebe für den Schüler werden kann. Aus den Briefen, die er an seine Schüler richtet und von ihnen empfängt, ersehen wir, daß er als Lehrer seinen Schülern wie ein Vater gegenübergestanden ist. Sie nennen ihn ihren Vater, so Walahfrid in einem von Dümmler aufgefundenen Gedichte.⁵)

b) **Das Ziel der Erziehung.**

Der Zweck und das Ziel des Menschenlebens liegen für Raban außerhalb des irdischen Daseins.⁶) Er steht darin ganz unter dem Geiste seiner Zeit, in der die herrschende kirchliche Anschauung das Leben auf der Erde nur als eine Vorbereitung auf das jenseitige Leben betrachtete. Darnach bestimmt sich für ihn das Ziel der Erziehung wie auch seine Gesamtanschauung vom Unterricht durchaus im religiösen Sinne.

Unterricht und Zucht haben vereint die Aufgabe zu erfüllen, den Knaben zu einem vollkommenen, tugendhaften Christen zu erziehen,

---

¹) Rudolfi mirac. Sanct. Fuld. Migne, patrol. lat. CVII, 43.
²) De cleric. inst. III. c. 5. Migne, patrol. lat. CVII, 382.
³) De cleric. inst. III. c. 27. Migne, patrol. lat. CVII, 406.
⁴) Die Abfassungszeit des Werkes „De cleric. inst." ist zwischen die Jahre 817—819 zu setzen nach Dümmler, Hrabanstudien. Sitzungsberichte der Akad. d. Wissensch. zu Berlin. 1898. III, 32.
⁵) Ebert, in den Berichten der königl. sächs. Gesellsch. der Wissensch. phil-hist. Cl. 1878. II, 109 f.
⁶) „Debet autem unusquisque catholicus universis virtutibus aequaliter operam dare, ut et intus et foris nobiliter ornatus aeterni regis convivio dignus existat." De cleric. inst. III. c. 406.

damit er sein letztes Ziel, Gott, erreicht — „ut perveniamus ad
Deum".[1]) Die Zucht („disciplina") ist die Führerin auf dem Wege
zum Heil, ihr eignet im Hinblick auf das Ziel der Erziehung vor allem
die erhaltende Kraft: „haec facit in Christo manere semper, ac
iugiter Deo vivere, ad promissa coelestia et divina praemia
pervenire."[2]) Es ist unzweifelhaft, daß Raban bestrebt war, diesem
hohen Erziehungsideal in der Fuldaer Anstalt auch in der Praxis nahe
zu kommen.

c) Der Unterricht.

Der Lehrer hat beim Unterricht vor allem auf Individualität,
Alter, Begabung und Fassungskraft des Schülers einzugehen: „pro
qualitate ergo audientium formari debet sermo doctorum, ut
per singula singulis congruat et a communis aedificationis arte
nunquam recedat."[3]) In einem Gregor von Nazianz entlehnten Bilde
vergleicht Raban die Seelen aufmerksamer Zuhörer mit den gespannten
Saiten einer Zither und weist darauf hin, daß diese deshalb einen
harmonischen Klang von sich geben, weil sie zwar mit demselben Plektrum,
aber nicht in derselben Weise geschlagen werden. Nicht nur andeutungs=
weise, sondern mit breiter Ausführlichkeit geht er auf dieses Thema ein.
Anlaß dazu ist die Belehrung des Volkes durch die Predigt. Er er=
örtert hier eingehend die verschiedenen Geschlechter, Alters=, Temperaments=
und Rangunterschiede und gibt zu einer individuellen Behandlung be=
merkenswerte pädagogische Winke.[4]) Freilich sind diese zunächst für
die Predigtwirksamkeit des Klerikers berechnet, es wäre aber thöricht
anzunehmen, daß Raban im Unterricht ein anderes Verfahren befolgt
habe. Wenn er vom Prediger des Volkes verlangt, daß er psycho=
logisch vorgehen soll, so hat er sich als Lehrer der Kinder des Volkes
sicherlich von dieser Forderung nicht entbunden. Und wenn man von
der didaktischen Entwicklung in der ersten Hälfte des Mittelalters
behauptet hat, das unterrichtliche Verfahren habe sich hier ganz nach der
Beschaffenheit des Objektes und nicht nach der geistigen Verfassung des
Subjektes gerichtet,[5]) so trifft das für Raban und die Schule in Fulda
nicht zu. Raban verlangt ausdrücklich von dem Lehrer, daß er zu der
geistigen Verfassung und dem beschränkten Vorstellungskreis des Hörenden
herabsteigt: „non sic dicatur ut a doctis sed potius ut ab in
doctis dici solet."[6]) So soll er auch aus dem Antlitz des Schülers
abzulesen suchen, ob dieser das Vorgetragene versteht oder nicht. So

---

[1]) De cleric. inst. III. c. 4. Migne, patrol. lat. CVII, 381.
[2]) De ecclesiast. discipl. Migne, patrol. lat. CXII, 1231.
[3]) De cleric. inst. III. c. 37. Migne, patrol. lat. CVII, 413.
[4]) De cleric. inst. III. c. 37. l. c. p. 414.
[5]) Rein, Die Methode. Encyklopädisches Handbuch der Pädagogik. 1897. IV, 751.
[6]) De cleric. inst. III. c. 30. Migne, patrol. lat. CVII, 408.

lange er aber aus dessen Gebärdensprache („motu suo") schließen muß, daß ihm der betreffende Gegenstand unklar ist, so lange hat er bei demselben zu verweilen und ihn nach allen Seiten hin deutlich zu machen.¹) Sonst ist der Unterricht nutzlos. „Quid enim prodest locutionis integritas, quam non sequitur intellectus audientis?"²) Wenn man in tendenziöser Darstellung von der mittelalterlichen Unterrichtsmethode als einer „finstern Lehrkunst" spricht, „die jede Aeußerung der Individualität verachtet und nicht bedenkt, daß nur da rechtes Lernen und Aneignen stattfindet, wo die Seele selbst thätig ist",³) so wird allerdings durch obige Sätze, die nicht nur Rabans Theorie, sondern zweifellos auch seine Praxis bilden, das Lehrverfahren der Fuldaer Klosterschule, der damaligen Centralunterrichtsanstalt Deutschlands, in ein anderes Licht gestellt.

Klarheit und Anschaulichkeit, sowie Kürze im Vortrag sind für einen gedeihlichen Unterricht unerläßlich — „ambiguitas obscuritasque vitetur; qui ergo docet vitabit verba omnia, quae non docent." ⁴) Durch sie erhält man die Aufmerksamkeit des Schülers, auf die es vor allem ankommt.⁵) Der Schüler soll nicht nur mit Verständnis, sondern auch gern und willig den Ausführungen seines Lehrers folgen; — „non solum intelligenter, verum etiam libenter et oboedienter" ⁶) — an aufmerksamen Schülern wird es aber demjenigen Lehrer nicht fehlen, der sich in seinem Amte das bewahrt, was Raban „hilaritas" nennt: Freudigkeit und herzliche Liebe, die den Verkehr zwischen dem Erzieher und seinem Zögling erst recht durchwärmt und durchleuchtet.⁷) Wir verstehen es hiernach wohl, daß man das Leben, welches unter Raban hinter Fuldas Klostermauern herrschte, mit den Worten charakterisieren konnte: „Laeti tirones, laetique magistri, laetissimus rector."⁸) Und wenn Willmann darauf aufmerksam macht, daß „die Bildungsarbeit unserer Vorväter denn doch nicht ganz in geistloser, vom Stock dirigierter Lernerei aufging" und sich dafür auf Rabans Schule beruft,⁹) so ist dem im Interesse einer Pietät übenden historischen Gerechtigkeit beizustimmen gegenüber dem mindestens sehr schroffen Ur-

---

¹) „Versandum est quod agitur multimoda varietate dicendi." De cleric. inst. III. c. 30. l. c.
²) De cleric. inst. III. c. 30. l. c.
³) Just, Zur Pädagogik des Mittelalters. Pädagog. Studien. VI, 26.
⁴) De cleric. inst. III. c. 30. l. c
⁵) „Parum proficit sermo, si non adsit intentio delectans auditoris."
De eccles. discipl. Migne, patrol. lat. CXII, 1197.
⁶) De cleric. inst. III. c. 35. Migne, patrol. lat. CVII, 412.
⁷) „Hilaritas autem in catechizandi officio plurimum valet, quando devotum et benevolum atque intentum efficit auditorem."
De eccles. discipl. Migne, patrol. lat. CXII, 1197.
⁸) Schwarz, Commentatio de Rabano Mauro, primo Germaniae praeceptore. Dissert. Heidelberg. 1811.
⁹) Willmann, Didaktik als Bildungslehre. 1882. I, 289.

teile H. Schillers, daß nach Rabans Auffassung „mit Fasten und kräftigen Geißelhieben selbst der Mangel an Verstand zu heilen sei."[1]) (Vgl. S. 37.)

Der schulmäßige Unterricht in Fulda war vorwiegend vortragend und erklärend.[2]) Unsicheres und Unklares wurde dabei durch Beweise und Beispiele verdeutlicht.[3]) Die didaktische Methode steht, wie es scheint, um diese Zeit in Deutschland im Stadium des Ueberganges von der akroamatischen in die dialogische Lehrform. Unter Raban spielte die Fragestellung keine unwesentliche Rolle im Unterricht: jeder Schüler mußte sich über das, was ihm unverständlich geblieben, in den Unterredungen (collocutiones) Auskunft holen.[4]) Wir verweisen hier auf die Schulschriften Rabans wie den liber de computo,[5]) der nach dem System von Frage und Antwort eingerichtet ist. Selbstverständlich kann und will ein solcher Dialog durchaus kein Abbild von dem dialogischen Verfahren bieten, wie es in der Fuldaer Schule damals praktisch geübt wurde.

Wir begnügen uns am Ende dieser Ausführung mit der Behauptung, daß in Fulda nicht, wie man wohl annimmt, das Hauptgewicht auf die mechanische Aneignung der Bildungsstoffe gelegt wurde, sondern auf klare Einsicht und richtiges Verständnis dessen, was gelehrt wurde. Hier herrschte kein toter Unterrichtsmechanismus, sondern es wurde durchaus dahin gestrebt, daß die Schüler ihre Selbständigkeit und ihr fortschreitendes Verständnis bekundeten.[6])

d. Der theologische Unterricht.

Wie zu allen Zeiten bestimmte Wissensgebiete im Vordergrunde gestanden haben, so hatte in Fulda, wie überhaupt in den Unterrichtsanstalten dieser Zeit die Theologie, „scientia sanctarum Scripturarum",[7]) den unbestrittenen Herrschersitz im Unterricht. Es wäre

---

[1]) Schiller, Gesch. der Pädagogik. 1887. S. 59.
Wo findet sich übrigens diese Auffassung Rabans?

[2]) Si docendi sunt, qui audiunt, narratione faciendum est." De cleric. inst. III. c. 28. Migne, patrol. lat. CVII, 406.

[3]) „Ut autem, quae dubia sunt certa fiant, documentis adhibitis ratiocinandum est."
De cleric. inst. III. c. 28. Migne, patrol. lat. CVII, 406.

[4]) „Quia in collocutionibus est cuique interrogandi potestas; ubi autem omnes tacent, ut audiatur unus, et in eum intenta ora convertunt, ibi ut requirat unusquisque, quae non intellexerit, nec moris est nec decoris."
De inst. cleric. III. c. 30. Migne, patrol. lat. CVII, 408.

[5]) Cap. IV sqq. libride computo. Migne, patrol. lat. CVII, 673.

[6]) „Qui vero audiunt monendi sunt potius quam docendi, ut in eo quod iam sciunt agendo non torpeant et rebus, quas veras esse fatentur, assensum accommodent."
De cleric. inst. III. c. 28. Migne, patrol. lat. CVII, 406 cf. Augustinus, de doctrina christiana IV, 4.

[7]) De cleric. inst. III. c. 1. Migne, patrol. lat. CVII, 377.

ja auch unnatürlich gewesen, wenn die Kirche, der die Bildungsarbeit durch die Verhältnisse übertragen war, ihre Aufgabe nicht im kirchlichen Sinne zu lösen versucht hätte.

So begann man denn in Fulda wie in den übrigen Klosterschulen schon bei der Einübung der ersten Elemente des Wissens mit dem biblischen Unterricht.[1]) Die Annahme Köhlers, welcher aus dem theologischen Teil der Rabanschen Encyclopädie „de universo" auf die Richtlinien für den Gang des religiösen Unterrichts in der Fuldaer Klosterschule schließen zu können glaubt,[2]) erscheint doch etwas gewagt. In viel höherem Grade gilt das für die mannigfachen Folgerungen, die er aus den Worten Isidors von Sevilla für den Unterricht in Fulda zieht, sobald Raban selbst ihm hier keine Stützpunkte mehr bietet. Da es noch keine systematische Theologie gab, so beschränkte sich der Unterricht im wesentlichen auf die Exegese der heil. Schrift, zu der für die Vorgerückten wohl noch ein spezielles Studium der Schriften der Kirchenväter hinzukam. Raban betrachtete die heil. Schrift als „das Fundament, den Inhalt und die Vollendung aller Weisheit."[3]) Sie war ihm das Endziel aller gelehrten Studien, der Zentralpunkt, dem sich alle säkularen Wissenschaften als ihrem Ursprunge zukehrten.[4]) Letztere wurden auch in Fulda nur so weit gepflegt, als sie für ein tieferes Verständnis der heil. Schrift fruchtbar gemacht werden konnten. Raban selbst besaß eine außerordentliche Bibelkenntnis, deren er sich auch einmal der Kaiserin Judith gegenüber nicht ohne Selbstgefühl rühmt.[5]) An dem Beispiele des Servatus Lupus und anderer haben wir schon gesehen, daß er auf diesem Gebiete bald auch über Deutschlands Grenzen hinaus anerkannte Autorität war. Er verdient nicht nur wegen seiner umfassenden kommentierenden Thätigkeit das Prädikat eines „divinorum librorum tractator egregius",[6]) sondern auch im täglichen Schulunterricht wird er sich als solcher bewiesen haben. Das Studium der heil. Schrift war, wie das auch seine Grabschrift bezeugt,[7]) seine Lieblingsbeschäftigung.[8])

[1]) Specht, Gesch. des Unterrichtswesens. 1885. S. 59.
[2]) Köhler, Hrabanus Maurus und die Schule zu Fulda. Dissert. Leipzig. 1869. S. 9.
[3]) „Fundamentum autem, status et perfectio prudentiae scientia est sanctarum Scripturarum."
De cleric. inst. III. c. 2. Migne, patrol. lat. CVII, 379.
[4]) „Si quid aliud est, quod sapientiae nomine rite conseri possit, ab uno ecclesiaeque sapientiae fonte derivatum ad eius respectat originem."
De cleric. inst. III. c. 2. Migne, patrol. lat. CVII, 379.
[5]) „Tamen studio sacrarum orationum non sumus omnino vacui."
Epist. ad Judith Augustam ap. Migne, patrol. lat. CIX, 539.
[6]) Herimanni Aug. Chronic. Mon. Germ. SS. V, 102.
[7]) „Et lectio dulcis Divinae legis semper ubique fuit."
Epist. Rab. archiep. Mon. Germ. poet. lat. II, 244 v. 21 sq.
[8]) „De divinarum Scripturarum studiis, quarum lectio semper mihi dulcis erat." Praef. ad Samuelem episc. Migne, patrol. lat. CXI, 1272

In der Schrifterklärung befolgte er weniger die grammatisch-historische als die typische und allegorisierende Methode. In dieser Art der Interpretation, wie sie besonders bei der Erklärung des Alten Testaments geübt wurde, ist er wie durch seinen Lehrer Alcuin so überhaupt durch die Geistesrichtung jener Zeit beeinflußt, der alles daran gelegen war, den alten mit dem neuen Bunde auf das lebendigste im Bewußtsein zu verknüpfen.[1]) Nur so, meinte Raban, könne man auch den in der heil. Schrift verborgenen tiefen Geheimnissen näherkommen. Auch von den Schülern verlangte er kein systematisch-kritisches Vorgehen, sondern legte das Hauptgewicht auf die Kenntnis der „modi tropicarum locutionum" und die „significatio rerum mysticarum."[2]) Im Unterricht ließ er seine eigene Exegese zurücktreten, um in eklektischer Art vor allem die reichen Schätze der Ueberlieferung weitergeben zu können. Nur das Beste, was die Vergangenheit hier geleistet hatte, war ihm für die Schüler gut genug. Deshalb trug er ihnen die Erklärungen eines Hieronymus, Augustin, Gregor vor.[3]) Er berief sich damit auf Männer, deren Worten auch die Exegese der Jetztzeit noch gern ein aufmerksames Ohr schenkt.

Die Art, wie er das Studium der heil. Schrift von seinen Zöglingen betrieben wissen will, liefert einen Beweis seiner didaktischen Einsicht und Kraft. Raban spricht hier Grundsätze aus, die wir mit Freuden die unseren nennen, die demnach die Fuldaer Unterrichtsmethode in ein äußerst günstiges Licht stellen.

Vor allem betont er den Gedanken, daß es gerade bei dem Schriftstudium nötig sei, vom Leichteren zum Schwereren fortzuschreiten: neben dunklen, schwierigen Stellen kommen auch klare, leichtverständliche vor; es gibt aber wohl kaum eine Stelle der ersteren Art, die sich nicht durch eine andere der letzteren aufhellen ließe. Die leichteren Stellen, welche auch zumeist die wichtigsten Glaubenswahrheiten enthalten, soll der Schüler zuerst zu beherrschen suchen. So wird er vertraut mit der biblischen Ausdrucksweise und ist dann in den Stand gesetzt, die Schwierigkeit, welche die dunklen Stellen der Schrift darbieten, aus dem Wege zu räumen. Raban führt am konkreten Beispiele aus, wie durch Zusammenstellung und Vergleichung die Erkenntnis des Schülers vom Bekannten zum Unbekannten vordringen soll. „Zur Erklärung der dunkleren Redewendungen sind die in den an und für sich verständlichen Stellen gegebenen Beispiele zu verwerten."[4]) Auf das offene, klare Verständnis kommt letztlich alles an, nicht so sehr auf viel mechanisch betriebenes Lesen und Memorieren: „sapienter autem dicit

---

[1]) Möhler, Patrologie. I, 94.
[2]) De cleric. inst. III. c. 1. Migne, patrol. lat. CVII, 377.
[3]) Prologus in Jes. proph. bei Kunstmann, Hrab. Magn. Maurus. 1841. S. 226.
[4]) Diese Ausführungen finden sich in De cleric. inst. III. c. 7. Migne, patrol. lat. CVII, 384.

homo tanto magis vel minus, quantum in Scripturis sacris maius minusve proficit. Non dico in eis multum legendis memoriaeque mandandis, sed bene intelligendis et diligenter earum sensibus indagandis."¹)

Ein beredtes Zeugnis für den theologischen Unterricht in Fulda besitzen wir von Walahfrid Strabus in dessen „Epitome commentariorum Rabani in Leviticum." Walahfrid selbst weist in der praefatio darauf hin, daß er dies Buch als Schüler nach den exegetischen Vorträgen seines Lehrers Raban nachgeschrieben habe.²) Als charakteristisch für den Fuldaer Schulbetrieb ist ferner ein vor wenigen Jahren aufgefundener Kommentar zum Matthäus zu nennen, der gleichfalls in Rabans Unterricht nachgeschrieben ist.³)

e) Der Unterricht in den Fächern des Triviums und Quadriviums.

Jede Disziplin der beiden Bildungsabschnitte des Triviums und Quadriviums stellt Raban in ein besonderes Verhältnis sowohl zu kirchlich-praktischen Zwecken als besonders zu dem Studium der Theologie.¹) Er macht so die sieben freien Künste zu dem allgemeinen Unterbau für die fachwissenschaftliche Bildung des Klerikers.

„Ursprung und Grundlage der artes liberales ist die Grammatik."⁵) Sie begreift die ganze lateinische Sprache und Literatur in sich. Sie läßt sich definieren als die „scientia interpretandi poetas atque historicos et recte scribendi loquendique ratio".⁶) Sie ist die königliche Wissenschaft — „schola dominica" und bildet darum die eigentliche Substanz aller gelehrten Unterweisung. Endzweck aller grammatischen Uebung, Untersuchung und Wortzergliederung wie der Lektüre der antiken Autoren ist aber das Verständnis der Redeweise des Wortes

---

¹) De cleric. inst. III. c. 28. Migne, patrol. lat. CVII, 497.

²) „Sequentis libri, id est Levitici, brevissimam adnotationem ego Strabus, tradente domino Rabano abbate, viro in multis scientiae divinae eloquiis spectabiliter adornato, quantum tenuitas ingenioli mei permittebat, abbreviare curavi, ut quia memoriae tenacitatem in me non cognosco, saltem ad putatia glossularum recurrens, aliquam eorum, quae mihi tradita sunt, partem recognoscam."
Migne, patrol. lat. CXIV, 795 sqq.

³) L. Traube in dem Neuen Archiv der Gesellsch. für ältere deutsche Geschichtskunde. 1892. XVII, 458 f.

⁴) Zur näheren Orientierung ist hier zu verweisen auf die eingehende und sorgfältige Abhandlung von Albert Appuhn, Das Trivium und Quadrivium in Theorie und Praxis. Bisher erschienen ist der I. Teil. Das Trivium. Erl. Diss. 1899.

⁵) De cleric. inst. III. c. 18. Migne, patrol. lat. CVII, 395.

Gottes.[1]) Dasselbe gilt von der Metrik, die im Zusammenhange mit der Grammatik und „durch dieselbe gelehrt wird."[2])

Raban hat in der Klosterschule in der Grammatik und Metrik unterrichtet mit Hilfe eines von ihm verfaßten grammatischen Compendiums, der „Exerptio de arte grammatica Prisciani", eine Thatsache, die im Hinblick auf die lateinische und deutsche Poesie seiner Schüler besonders wichtig erscheint.[3]) Neben diesem Compendium aus Priscian war es besonders Virgil, an den sich in Fulba der grammatische und metrische Unterricht anschloß.[4])

Daß unser großer Lehrmeister selbst sich zu den „latinae linguae homines" rechnet,[5]) und da, wo er von der „lingua nostra" spricht, das erläuternde „id est latina" hinzufügt,[6]) gibt — das sei gleich hier bemerkt — noch keinen zulänglichen Grund dafür ab, daß man diesem „Vertreter lateinisch-kirchlicher Bildung" den Namen eines „praeceptor Germaniae" von vornherein aberkennt.[7]) Wir dürfen ihm schlechterdings keinen Vorwurf daraus machen, daß er zu seiner Zeit die lateinische Sprache als das vornehmste Medium der Bildung gelten ließ. Die Sprache Roms war zu dieser Zeit eben noch eine lebende Sprache, sie war nicht nur die Kultursprache für alle höher Gebildeten, sondern „von ihrem Gebrauch war alles und selbst das Alltagsleben bis in die untersten Wurzeln und äußersten Spitzen begleitet."[8]) Es handelte sich dann doch auch darum, der Bildung eine Heimstätte zu gründen bei einem Volke, dem jede eigene höhere Kultur fehlte, das unfähig war, sich aus eigener Kraft zu erheben, dessen Nationalliteratur quantitativ unbedeutend, qualitativ einseitig, im ganzen überhaupt so wenig entwickelt war,[9]) daß sie kaum den Ausgangspunkt einer neuen Geisteskultur bilden konnte. Man war einfach auf die Kultur des alten Rom angewiesen, die in den Besitz der christlichen Kirche übergegangen war. Von diesem Gesichtspunkte aus können wir Raban nicht genug Dank dafür wissen, daß er ganz vorn in der Reihe

---

[1]) „Quorum omnium cognitio propterea Scripturam ambiguitatibus dissolvendis est necessaria."
De cleric. inst. III. c. 18. l. c.

[2]) Metricam autem rationem, quae per artem grammaticam discitur, non ignobile est scire, quia apud Hebraeos psalterium nunc iambo currit, nunc alchaico personat, nunc sapphico tumet etc."
De cleric. inst. III. c. 18. l. c.

[3]) Ebert, Gesch. der Literatur des Mittelalters. 1880. II, 126.

[4]) Ausführlich handelt darüber Köhler, Hrab. Maurus und die Schule zu Fulda. Dissert. Leipz. 1869. S. 12.

[5]) De cleric. inst. III. c. 8. Migne, patrol. lat. CVII, 384.

[6]) De cleric. inst. III. c. 9. Migne, patrol. lat. CVII, 385.

[7]) Schiller, Lateinischer Unterricht. Rein, Encykl. Handbuch d. Pädagogik. 1897. IV, 304.

[8]) Wackernagel, Vocabularius optimus. 1847. S. 6.

[9]) Ebert, Gesch. der Literatur des Mittelalters. I. S. VI.

der Männer steht, die uns die lateinische Sprache und Literatur und damit die Grundlage unserer gesamten heutigen Bildung überliefert haben. „In der lateinischen Sprache lag eine Fortsetzung der Kultur der alten Welt."[1]) Wenn Raban letztere, die den höchsten Bildungswert für alle Zeiten in sich birgt, bei der Begründung des Bildungswerkes auf deutschem Boden hätte unbeachtet lassen wollen, so wäre dasselbe einfach unmöglich gewesen.

Raban erkannte den großen Wert, welchen das Studium der klassischen Literatur für die Wissenschaft überhaupt und nicht am wenigsten für die Theologie haben mußte. Wie vertraut er selbst mit den klassischen Schriften des Altertums war, tritt fast in jedem seiner Werke hervor.[2]) An erster Stelle steht ihm Virgil. Er rühmt ihn als den „poeta nobilis" und verwendet auch Citate aus der Georgica in seinen Kommentaren.[3]) Aus der Aeneis entnimmt er mit Vorliebe metrische Wendungen für seine Gedichte.[4]) Von den klassischen Autoren wurde Virgil in der Fuldaer Klosterschule am meisten studiert: in den Gedichten Walahfrids finden sich häufig Anklänge an den beliebten römischen Autor,[5]) ebenso hat man in der metrischen Vita Eigilis von dem Fuldaer Lehrer Candidus (Bruun) über zweihundert derartige Stellen gezählt.[6]) Auch mit Horaz,[7]) Ovid[8]) und Lucrez[9]) scheint Raban vertraut gewesen zu sein. Martial kennt und citiert er,[10]) ebenso Lucan, der besonders in dem Werke „de universo" häufig angeführt wird.[11])

Die späteren christlichen Dichter wie Juvencus, Arator, Sedulius, Prudentius, Venantius Fortunatus u. a. standen natürlich im Unterricht nicht an letzter Stelle.[12]) Und das hatte damals seine volle Berechtigung, denn eine Kirche, die noch vollauf mit der Christianisierung des Volkes zu thun hatte, durfte von sich aus heidnischer Weltanschauung nicht eher ganz freien Spielraum lassen, bis sie genügend

---

[1]) v. Ranke, Weltgeschichte V. 2, 235.
[2]) Kunstmann, Hrab. Magn. Maurus. 1841. S. 163.
[3]) Comment. in ecclesiast. VII. c. 5. Migne, patrol. lat. CIX, 985.
[4]) In der Ausgabe von Wattenbach und Dümmler, Mon. Germ. poet. lat. II, 160 finden wir die betr. Anklänge in den Anmerkungen sorgfältig verzeichnet.
[5]) Walahfr. carm. Mon. Germ. poet. lat. II, 259 sqq. Vgl. die Anmerkungen.
[6]) Richter, Wizo und Bruun. Programm. Leipzig 1890. S. 9.
[7]) „Hoc idem Horatius, vir acutus et doctus, in arte poetica erudito interpreti praecepit dicens" (es folgt das Citat). Migne, patrol. lat. CVII, 265.
[8]) „Carmina nempe tua dico meliora Maronis
Carminibus, celsi cantibus Ovidii."
Vers. ad amicum. Mon. Germ. poet. lat. II, 172.
[9]) Prologus in libr. de laud. s. cruc. Migne, patrol. lat. CVII, 146.
[10]) Philologus. N. F. 1890. III, 562 f.
[11]) Philologus. N. F. 1892. V, 707.
[12]) De cleric. inst. III. c. 18. Migne, patrol. lat. CVII, 396.

feste Wurzeln gefaßt hatte. Wir finden es begreiflich, daß in Fulda auch antiklassische Strömungen auftauchten.¹) Um so größer erscheint das Verdienst Rabans, der den Klassikern ihren festen Platz neben den literarischen Erzeugnissen der Kirchenväter zu sichern wußte. Wir verweisen hier auf den Briefwechsel seines Schülers, des Servatus Lupus, mit Einhard. Lupus entschuldigt sich, daß er dem Abt von Seligenstadt den entliehenen Aulius Gellius noch nicht zurückgeschickt habe, da Raban das Buch förmlich mit Gewalt zurückgehalten habe, um dasselbe ebenso wie auch die anderen entliehenen Bücher, Cicero, de oratore und eine Explanatio in libros Ciceronis²) für das Kloster abschreiben zu lassen.³) Die Klosterbibliothek, in der schon von früher neben Werken christlicher Autoren die profanen Schriftsteller in nicht geringer Anzahl vertreten waren, gewann unter dem berühmten Abte Fuldas auf diese Weise ganz bedeutend an Umfang.⁴)

Gelegentlich der Schriftexegese werden auch die Profanhistoriker Eingang in den Unterricht gefunden haben, benutzte sie Raban doch neben den historischen Notizen, die das Alte Testament, der jüdische Historiograph Josephus und auch Justin ihm darboten, bei der Abfassung seines Kommentars zu den Büchern der Maccabäer.⁵) Nicht minder sollen die heidnischen Philosophen, vor allem die Schriften der Platoniker in den Bereich der Studien gezogen werden, „da diese in nicht wenigen ihrer Anschauungen dem christlichen Glauben Verwandtes ausgesprochen haben."⁶) Die weltliche Wissenschaft hat eben nur in sofern Wert, als sie zum christlichen Glauben in Beziehung gesetzt wird.⁷) Wie man aber heidnische Dichterwerke für christlichen Unterricht und

---

¹) „Nam quia Virgilium n..bis in mc..te reducis
Horreo valde suum nec precor eloquium.
His placeat, quibus omne malum delectat adire
Illius in scriptis invenietur enim."
Vers. Johannis Foldensis didasc. Mon. Germ. poet. lat. I, 392.
²) Desdevises du Deze.t, Lettres de Servat Loup. ep. 1. Paris. 1888. p. 46. (Bibliothèque de l'école des hautes études tom. 77.)
³) Des devises du Dezert, Lettres de Servat Loup. ep. 5. p. 58.
⁴) „Fecit et bibliothecam, quam tanta librorum multitudine ditavit, ut vix dinumerari queant." Catal. abbat. Fuld. Mon. Germ. SS. XIII, 273.
⁵) „Ipsum opus ideo partim de divina historia partim de Josephi Judaeorum historici traditione, partim vero de aliarum gentium historicis contexui." Praef. in libr. Machab. Migne, patrol. lat. CIX, 1128.
⁶) „Philosophi ipsi qui vocantur, si qua forte vera et fidei nostrae accommodata in dispensationibus suis seu scriptis dixerunt, maxime Platonici, non solum formidanda non sunt etc." Migne, patrol. lat. CVII, 404.
⁷) „Quando in manus nostras libri veniunt sapientiae saecularis, si quid in eis utile reperimus, ad nostrum dogma convertimus." De cleric. inst. III. c. 18. Migne, patrol. lat. CVII, 396.

christliche Bildung fruchtbar machen könne, zeigt die heil. Schrift[1]) durch die im bildlichen Sinne zu verstehende Unterweisung über die Reinigung, die ein Israelit mit einer heidnischen Kriegsgefangenen vorzunehmen hat, ehe er sie zum Weibe nehmen darf.[2]) Daß dieser dem Hieronymus entlehnte Gedanke Rabans kein Recht gibt zu dem ungünstigen Urteil, als habe er eine thatsächliche Verstümmelung der Alten im eigentlichen Sinne des Wortes beabsichtigt und wohl auch praktisch durchgeführt, hat Bach in ansprechender Weise dargethan.[3])

Man las die Dichter in der Fuldaer Anstalt vor allem wegen ihrer sprachbildenden Kraft, „propter florem eloquentiae",[4]) da man es noch nicht verstand, sich in die Tiefe und den Reichtum des Inhalts zu versenken, der immerhin doch kaum ohne Einfluß auf seine Leser bleiben konnte. In den wahren und guten Erkenntnissen der Philosophen aber sah man ein christliches Erbgut. Auch Raban eignet sich hier das Gleichnis an, mit welchem schon Augustin es gerechtfertigt hatte, daß die Kirche antike Bildung in sich aufnahm.[5]) Die Christen sollen den Heiden die ihnen gehörigen Schätze nehmen und für ihre Zwecke verwenden, wie es die Israeliten auf göttlichen Befehl mit den goldenen und silbernen Gefäßen der Egypter thaten, und sie hierdurch einem besseren, Gott wohlgefälligen Gebrauch („ad usum meliorem"), zuzuführen.[6]) Raban hütete sich dabei aber wohl vor Ueberschätzung der philosophischen Gelehrsamkeit, die er vom Standpunkte seiner religiösen Ueberzeugung durchaus geringer wertete als die „bescheidene Bildung" des Klerikers.[7])

Die klassische Bildung kann nach alle diesem in Fulda nicht als Selbstzweck betrieben worden sein, denn gerade Raban giebt ihr, wie wir sahen, einen entschieden ecclesiocentrischen Charakter. So unbestreitbar dies ist, so wenig darf man sich darum der Ansicht anschließen, als hätten die profanen Autoren hier nur ein kümmerliches Dasein gefristet, als hätte man sie eben noch im Unterricht geduldet. Man darf doch nicht vergessen, daß der Mann unter Raban seine Bildung empfangen hat, den man wohl den „Humanisten des 9. Jahrhunderts" genannt hat, Servatus Lupus.[8]) Er war es, der selbst wegen eines einzigen

---

[1]) Deuteronomium c. 21, 10—13.
[2]) De cleric. inst. III. c. 18. Migne, patrol. lat. CVII, 396.
[3]) Bach, Hrabanus Maurus, der Schöpfer des deutschen Schulwesens, in Zimmermanns Zeitschr. für Altertumswissenschaft. 1835. S. 659.
[4]) De cleric. inst. III. c. 18. Migne, patrol. lat. CVII, 396.
[5]) Augustinus, De doctrina christiana II. 60.
[6]) De cleric. inst. III. c. 26. Migne, patrol. lat. CVII, 404.
[7]) „Sed magis vera esse in omnibus claret catholici viri modesta doctrina, quae in divinis libris consistit, quam omnis philosophorum multiplex in disputando ot in argumentando solertia."
Comment. in ecclesiast. VIII. c. 11. Migne, patrol. lat. CIX, 1027.
[8]) Manitius, Lupus von Ferrières, ein Humanist des 9. Jahrh. Rheinisch. Museum für Philologie. 1893. N. F. LVIII, 313 ff.

Ausdrucks bei Virgil oder Cicero sich verschiedene Handschriften zur Vergleichung nach Fulda senden ließ,¹) der so in der Antike aufging, daß ihm ihr Studium durchaus als Selbstzweck galt.²) Es ist doch auch gewiß kein Zufall, daß die einzig nachweisbare Benützung des Tacitus im Mittelalter sich bei dem Fuldaer Mönch und Schüler Rabans,³) Rudolf, findet.⁴)

An dieser Stelle erhebt sich für uns die Frage nach dem Umfange des fremden Sprachstudiums in Fulda überhaupt. Wohl hält Raban neben der lateinischen auch die griechische und hebräische Sprache für erforderlich zur Auslegung der heil. Schrift.⁵) Doch scheint er selbst in den letzteren beiden Sprachen über die elementarsten Kenntnisse nicht hinausgekommen zu sein.⁶) Das von Specht beigebrachte Argument zeigt zur Genüge, daß er die griechische Sprache nicht beherrschte,⁷) und daß demzufolge auch von einem Unterricht in dieser Sprache nicht die Rede sein kann. Daß unser Fuldaer Gelehrter die Wichtigkeit der griechischen Sprache betont, ist kein Gegenbeweis, zumal da dies schon andere vor ihm gethan hatten.⁸) Dasselbe gilt von der Unterweisung in der hebräischen Sprache. Wenn Spengler und andere berichten, daß Raban in der hebräischen, auch gar noch in der syrischen und chaldäischen Sprache bewandert gewesen sei,⁹) so ist das ein auf falschen Angaben der Biographie Trithems beruhender Irrtum.

Die zweite unter den sieben freien Künsten, die in Fulda gelehrt wurde, ist die Rhetorik. Obwohl Raban diese Disziplin nach dem Vorbilde der Alten als „saecularium litterarum bene dicendi scientia in civilibus quaestionibus" umschreibt, bemißt er ihren Wert nicht nach dieser Seite, sondern empfiehlt sie vor allem wegen der Predigt. Auch sie wird so einem kirchlichen Zwecke dienstbar ge=

---

¹) Desdevises du Dezert, Lettres de Servat Loup. Paris. 1888. p. 137 cf. p. 70. 46.

²) „Mihi satis apparet propter se ipsam appetenda sapientia." Des dev. du Dezert, Lettres de Servat Loup. ep. 1. Paris. 1888. p. 44.

³) Rudolfi mirac. Sanct. Fuld. Migne, patrol. lat. CVII, 43. (Rabanus, praeceptor meus.)

⁴) Waitz, Ueber angebl. Benutzung von Tacitus Germania im Mittel= alter. Forschungen zur deutsch. Gesch. 1870. X, 602.

⁵) „Unde et propter obscuritatem sanctarum Scripturarum harum trium linguarum cognitio necessaria est, ut ad alteram recurratur, si aliquam dubitationem nominis vel interpretationis sermo unius linguae attulerit."
De universo XVI. c. 1. Migne, patrol. lat. CXI, 435.

⁶) Köhler, Hrab. Maurus und die Schule zu Fulda. Diff. Leipzig. 1869. S. 14.

⁷) Specht, Gesch. des Unterrichtsw. 1885. S. 107. Anm. 3.

⁸) „Zum Rabanus Maurus=Jubiläum." Historisch=politische Blätter XXXVII, 344.

⁹) Spengler, Leben des hl. Rhabanus Maurus. Regensburg 1856. Seite 29.

macht. „Was der Prediger und Verkündiger des göttlichen Gesetzes bei seinen Belehrungen in beredter und geziemender Weise vorbringt, was er bei der schriftlichen Darstellung in zutreffenden und ansprechenden Ausdruck einzukleiden weiß, das verdankt er seiner Erfahrung in dieser Kunst."[1]) Ihre Bedeutung wurde freilich nicht so hoch geschätzt, daß ihr im Unterricht viel Raum gelassen worden wäre. Raban sagt: „satis est, ut adulescentulorum ista sit cura."[2]) Auch von diesen adulescentuli werden immerhin nur einzelne an den den rhetorischen Schriften Ciceros, des „Romani auctor eloquii",[3]) gebildet worden sein, denn auch von ihnen sollen sich nur diejenigen mit der Rhetorik befassen, deren Neigung und besondere Begabung zur Pflege dieser Kunst gleichsam auffordert. Wenn das letztere nicht der Fall ist, hat eine besondere rhetorische Schulung nur eine sehr relative Notwendigkeit, „quoniam si acutum et fervens absit ingenium, facilius adhaeret eloquentia legentibus et audientibus eloquentes, quam eloquentiae praecepta sectantibus". Die große Mehrzahl der Fuldaer Schüler wird demnach ein eigentliches Studium der Rhetorik nicht betrieben haben, sie werden sich vielmehr durch die Lektüre der homiletischen Schriften der Kirchenväter („ecclesiasticae litterae"), ferner durch Niederschreiben, Diktieren und Vortragen passender Abschnitte auf den zukünftigen Beruf des geistlichen Redners vorbereitet haben.[4])

Die Dialektik steht als „die Wissenschaft aller Wissenschaften" bei Raban in entschieden höherem Ansehen als die Rhetorik. Er erläutert sie als „disciplina rationalis quaerendi, diffiniendi et disserendi, etiam vera et a falsis discernendi potens."[5]) Ihr speziell kirchlicher Nutzen besteht darin, daß sie die Waffen zur Widerlegung der Sophismen der Irrlehrer liefert.[6]) Sie umfaßt die Logik, indem sie von den Definitionen und Schlüssen handelt, zugleich geht sie aber auch auf die Hauptprobleme der Metaphysik ein.[7]) Im Unterricht waren mit dem Studium der Dialektik Disputierübungen verbunden, deren Wert unser Fuldaer Magister hoch anschlägt, gegen deren Miß-

---

[1]) De cleric. inst. III. c. 19. Migne, patrol. lat. CVII, 396.
[2]) De cleric. inst. III. c. 19. l. c. p. 397.
[3]) De cleric. inst. III. c. 32. l. c. p. 409.
[4]) De cleric. inst. III. c. 19. l. c. p. 397.
[5]) De cleric. inst. III. c. 20. Migne, patrol. lat. CVII, 397.
[6]) „Qua propter oportet clericos hanc artem nobilissimam scire, ut subtiliter haereticorum versutiam hac possint dignoscere eorumque dicta veneficatis syllogismorum conclusionibus confutare." De cleric. inst. III. c. 20. l. c.
[7]) „In hac ratiocinantes cognoscimus quid sumus et unde sumus, quid creator et quid creatura etc.
De cleric. inst. III. c. 20. l. c.

braucht er andererseits aber seine warnende Stimme erhebt.¹) — Daß nicht nur die Schüler des Raban ihn als Meister der Dialektik, „sophista", bewunderten,²) sondern auch die Nachwelt ihn als solchen noch in Erinnerung hatte, können wir daraus ersehen, daß sie ihm die Autorschaft logischer Kommentare zugeschrieben hat,³) die erwiesenermaßen nicht von ihm herrühren.⁴)

In Fulda begnügte man sich nicht wie in den meisten damaligen Klosterschulen mit dem eigentlichen Unterbau für das theologische Studium, wie ihn die Fächer des Triviums lieferten, sondern hier wurden die Schüler auch in die Disziplinen des Quadriviums, Arithmetik, Geometrie, Musik und Astronomie eingeführt.⁵) Raban, bei dem sich der Ausdruck „Quadrivium" ebenso wie bei Alcuin nicht nachweisen läßt, begreift jene vier Lehrgegenstände unter dem Namen Mathematik.⁶)

In der Mathematik, deren apriorischer Charakter bei ihm zur Geltung kommt,⁷) steht an erster Stelle die Arithmetik. Diese wurde in Fulda schon deshalb geschätzt, weil ihr Studium den Geist nach allen Richtungen in Anspruch nimmt, und so besonders dazu dient, den Schüler von sinnlichen Begierden abzulenken.⁸) Ihr oberster Zweck ist selbstverständlich der kirchlich-theologische. Der Computus⁹) vermittelt

---

¹) Sed disputationis disciplina ad omnia genera quaestionum, quae in litteris sanctis sunt penetranda et dissolvenda plurimum valet; tantum ibi cavenda est libido rixandi et puerilis quaedam ostensio decipiendi adversarium."
De cleric. inst. III. c. 20. l. c.

²) Rudolfi annal. Fuld. ad a. 844. Mon. Germ. SS. I, 364.

³) In bibliotheca Floriacensi, litera A., 4 exstat logica Petri Abaelardi una cum logica Rhabani. Oudin, de script. eccl. I. c. 1172.

⁴) Cousin, Ouvr. inéd. d' Abélard. p. X sq. und LXXVI. Das Werk „Rabanus super Terencium" in der Pariser Nationalbibliothek — s. Hampe, Reise nach Frankreich und Belg. im Neuen Arch. d. Gesellsch. für ältere deutsche Geschichtsf. 1898. XXIII, 643 — rührt nicht von Rab. her.

⁵) „Jam vero pene stomachor, quoniam non scripsisti, quid Probus noster exerceat; scilicet utrum in saltu Germaniae disciplinas liberales, ut serio dicere solitus erat, ordine currat." Desdevises du Dezert, Lettres de Servat Loup. ep. 2. Paris. 1888. p. 67.

⁶) „Haec (sc. mathematica) dividitur in arithmeticam, musicam, geometriam, astronomiam."
De cleric. inst. III. c. 21. Migne, patrol. lat. CVII, 399.
Im allgemeinen sei hier noch bemerkt, daß sich Raban in den Definitionen und in den wesentlichen Zügen seiner Ausführung vor allem an Isidors Encyklopädie anlehnt.

⁷) „Mathematica est quam latine possumus dicere doctrinalem scientiam, quae abstractam considerat quantitatem." De cleric inst. III. c. 21. l. c. p. 398.

⁸) „Quas merito sancti patres nostri legendas studiosissimis persuadent, quoniam ex magna parte per eas a carnalibus rebus appetitus abstrahitur." De cleric. inst. III. c. 22. l. c. p. 399.

⁹) Zur Charakterisierung des von Raban verfaßten liber de computo ist zu verweisen auf Cantor, Vorlesungen über d. Gesch. d. Math. 1880. I, 722.

in Verbindung mit der Astronomie die Kenntnis der kirchlichen Zeit=
rechnung und ist deshalb ein notwendiger Bestandteil klerikaler Bildung.
„Adime saeculo computum et omnia caeca ignorantia complec-
tuntur."[1]) Sehr förderlich erschien die Arithmetik für das Studium
der heil. Schrift. Bezeichnet doch Raban die Beschäftigung mit der
Bruchrechnung als „non ignobilis contentio", weil auch in der heil.
Schrift vereinzelt Brüche vorkämen.[2]) Die Arithmetik vermag die tiefsten
in der Bibel verborgenen Geheimnisse der Zahlenkunde zu entschleiern,
sie leitet durch mystische Zahlendeutung die Schüler zu einem spiritualen
Verständnis der heil. Schrift an.[3]) Für die Art, wie die Zahlenkunde
in Fulda in den Dienst des exegetischen Unterrichts gestellt wurde, sind
einige von Raban angeführte Beispiele charakteristisch. Er meint unter
anderem, es dürfe doch nicht gleichgültig erscheinen, was das bedeuten
solle, daß Moses und Elias und der Herr selbst 40 Tage gefastet
haben, und stellt nun den tieferen Sinn dieser Zahl dar. Dieselbe
Zahlenmystik führt ihn z. B. auch zu dem Resultat, daß die Zahl 10,
bestehend aus der Summe von 3+7, die Kenntnis des Schöpfers und
des Geschöpfes bedeuten müsse.[4])

Die Beschäftigung mit der geometrischen Wissenschaft konnte in
Fulda nicht darniederliegen, da sich hier auch unter Raban eine äußerst
rege Bauthätigkeit entfaltete.[5]) Die in den Händen der Mönche ruhende
Leitung der zahlreichen Kirchenbauten forderte immerhin ein gewisses
Maß von technischer Begabung.[6]) Freilich kann nach Rabans Aus=
führungen über die Geometrie von einer Geometrie im heutigen Sinne
des Wortes nicht viel die Rede sein, vielmehr scheinen hier geographische,
naturwissenschaftliche und geometrische Kenntnisse in bunter Zusammen=
würfelung im Unterricht gelehrt worden zu sein.[7]) Auch den Aerzten
wird die Geometrie empfohlen, weil sie mittels dieser Wissenschaft die
eigentümlichen klimatischen Verhältnisse und die Lage der verschiedenen
Gegenden kennen lernen und darnach die Verhaltungsmaßregeln bei
Krankheiten vorschreiben können.[8]) Nach der Definition Rabans ist
die Geometrie die Lehre von dem unbeweglichen Raum und von den

---

[1]) Lib. de computo c. 1. Migne, patrol. lat. CVII, 671.
[2]) Lib. de computo c. 8. Migne, patrol. lat. CVII, 675.
[3]) „Qua propter necesse est eis, qui volunt ad sacrae Scripturae
notitiam pervenire, ut hanc artem intente discant; et cum didicerint,
mysticos numeros in divinis libris facilius hinc intelligant."
De cleric. inst. III. c. 22. Migne, patrol. lat. CVII, 400.
[4]) De cleric. inst. III. c. 22. l. c. Vgl. Kapper, Geschichte der
Pädagogik. 1898. I. 354 f., cf. p. 32, Anm. 2.
[5]) Rud. mir. sanct. Fuld Mign, patrol. lat. CVII, 64.
[6]) Stöhler, Hrab. Maurus und die Schule zu Fulda. Diss. Leipzig.
1869. S. 24.
[7]) De cleric. inst. III. c. 23. Migne, patrol. lat. CVII, 401.
[8]) Fellner, Kompendium der Naturwissenschaften an der Schule zu
Fulda. 1879. S. 28.

Gestaltungen im Raume.¹) Sie ist göttlich, — geometra enim, si fas est dicere, sancta divinitas —, denn sie offenbart sich in den Wundern der Schöpfung; aber auch sie wird wie jede Profanwissenschaft im Unterrichte ein Hilfsmittel zum Verständnis des in der Schrift niedergelegten göttlichen Wortes, denn die Beschreibung der Maß- und Zahlenverhältnisse biblischer Objekte kann ohne ihre Kenntnis nicht richtig gewürdigt werden.²)

Von ganz ähnlichen Gesichtspunkten aus wird das Studium der Musik, der „scientia bene modulandi"³) empfohlen. Die Zöglinge wurden gleich nach ihrem Eintritte in die Klosterschule in dasselbe eingeführt. Auch hier kommt der theologische Zweck — „si quid inde utile ad intelligendas sanctas scripturas rapere poterimus"⁴) — ebenso in Betracht wie der kirchliche. Es ist klar, daß diese Kunst wegen ihrer praktischen Verwendbarkeit im Gottesdienste besonders gepflegt und geehrt wurde,⁵) so daß Raban sogar die Fähigkeit, ein geistliches Amt zu bekleiden, von der Vertrautheit mit der Musik abhängig macht.⁶) Man schätzte sie dann auch in Fulda wegen ihrer läuternden und veredelnden Kraft. „Wer sich eines guten Lebenswandels befleißigt, bekundet sich damit als den Jünger dieser Kunst, solange man aber Unbilliges treibt, besitzt und kennt man sie nicht."⁷) Wie sehr Raban selbst für die liturgische Ausgestaltung des Gottesdienstes thätig war, können wir daraus sehen, daß er mehrere Hymnen für den kirchlichen Gebrauch verfaßt hat.⁸)

Bei dem letzten Bildungszweige des Quadriviums, der Astronomie, „lex astrorum", weist Raban zuerst auf die religiös erhebende Wirkung hin, die der Anblick der Wunderwelt des Himmels hervorruft. Er definiert dann die Astronomie als „disciplina, quae cursus coelestium siderum et figuras contemplatur, omnes et habitudines stellarum

---

¹) „Geometria est disciplina magnitudinis immobilis et formarum." De cleric. inst. III. c. 23. Migne, patrol. lat. CVII, 401.
²) „Haec igitur disciplina in tabernaculi templique aedificatione servata est, ubi linealis mensurae unius et circuli ac spherae atque hemispherion, quadrangulae quoque formae et ceterarum figurarum dispositia habita est: quorum omnium notitia ad spiritualem intellectum non parum adiuvat tractatorem."
De cleric. inst. III, c. 23. l. c.
³) De cleric. inst. III. c. 24. l. c.
⁴) De cleric. inst. III. c. 24. Migne, patrol. lat. CVII, 402.
⁵) „Non solum per hanc legimus et psallimus in ecclesia, imo omne servitium Dei rite implemus."
De cleric. inst. III. c. 24. l. c. p. 401.
⁶) „Haec ergo disciplina tam nobilis est tamque utilis, ut qui ea caruerit, ecclesiasticum officium congrue implere non possit." De cleric. inst. III. c. 24. l. c.
⁷) De cleric. inst. III. c. 24. l. c. p. 40..
⁸) Dümmler, Hrab. Mauri carm. Proemium. Mon. Germ. poet. lat. II, 158 sq.

circa se et circa terram indagabili ratione percurrit." Er unterscheidet zwischen der Astronomie und Astrologie. Die letztere zerfällt in die astrologia naturalis und superstitiosa.[1]) Die astrologia naturalis kam für das Studium als speziell kirchliche Himmelskunde, die sich mit chronologischen und kalendariographischen Berechnungen befaßte, ganz allein in Betracht. Der Kleriker hatte sich mit diesem Teile der Astronomie eifrigst zu beschäftigen, um den Lauf der Sonne, des Mondes und der Gestirne, wie den Wechsel der Jahreszeiten zu bestimmen. Vor allem handelte es sich um eine genaue Festsetzung der zeitlichen Folge der heiligen Feste.[2]) Wenn wir aus Rabans liber de computo einen Rückschluß auf den astronomischen Unterricht in unserer Fuldaer Anstalt machen dürfen, so waren die Hauptthemata desselben die Einteilung und Messung der Zeit, der Unterschied zwischen der Zeitrechnung nach der Sonne und nach dem Monde, der Kalender der Hebräer, Griechen und Römer, die Verschiedenheit und die Beschaffenheit der Gestirne, der Lauf der sieben Planeten, die Bedeutung der zwölf Zeichen des Tierkreises, sowie der übrigen Sternbilder.[3]) — Die Astrognosie war für das Klosterleben schon praktisch sehr wichtig, weil der gestirnte Himmel durch seine Umdrehung das fast einzige Hilfsmittel zur Zeiteinteilung der Nacht darbot.[4]) Aus dem Stande der Gestirne mußte der Mönch, der die Nachtwache hatte, den Zeitpunkt bestimmen, zu dem er die Klosterbrüder zum Chorgebet zu rufen hatte. Darum schreibt Raban dem Lehrer vor, daß er zeigen soll, wie man aus dem Stande der Gestirne bei ihrem Auf= und Niedergange die Stunden der Nacht zu bestimmen vermöge.[5]) — Wohl diente unsere Disziplin auch der Theologie, denn manche Stellen der heil. Schrift stehen in enger Beziehung zur Stern= und Himmelskunde,[6]) aber im ganzen scheint bei dem Studium der Astrologie der theologische Zweck durchaus hinter den kirchlichen zurückgedrängt.

Die fundamentale Bedeutung, welche die Fächer des Triviums im Lehrganzen hatten, kann nicht in gleichem Umfange von den Lehrstoffen des Quadriviums ausgesagt werden. Immerhin ist es aber über allen Zweifel erhaben, daß letztere eine durchaus selbständige Stellung im Unterrichte einnahmen. Dies war nicht der Fall bei den mehr accessorischen Bildungselementen der Geschichte, Geographie, Naturgeschichte und Arzneikunst. Denn die Mitteilungen aus diesen Wissensgebieten erfolgten, wie aus Rabans didaktischen Schriften klar ersichtlich ist, nur gelegentlich. Darum wurde aber die Geschichte in Fulda nicht

---

[1]) De cleric. inst. III. c. 25. Migne, patrol. lat. CVII, 403.
[2]) De cleric. i. st. III. c. 25. Migne, patrol. lat. CVII, 403.
[3]) Specht, Gesch. des Unterrichtswesens. 1885. S. 137. Anm. 4.
[4]) Günther, Gesch. des math. Unterrichts im deutsch. Mittelalter. 1887. S. 76. (Monumenta Germaniae paedagogica III.)
[5]) Lib. de computo c. 51. Migne, patrol. lat. CVII, 696.
[6]) De cleric. inst. III. c. 25. Migne, patrol. lat. CVII, 403.

etwa ganz vernachlässigt,¹) zur Geometrie gehörten nach damaligen Begriffen Geographie und Kosmographie, und ebenso wurde ein naturgeschichtlicher Unterricht im Anschluß an die geometrischen Unterweisungen erteilt.²) Einen sprechenden Beleg bietet hiefür das anatomische Kollegienheft, welches Walahfrid Strabus im Unterrichte Rabans anfertigte.³)

f) Die Kunststudien.

Des nachdrücklichsten Hinweises scheint uns die nicht genug gewürdigte Thatsache zu bedürfen, daß Fulda durch Raban auch das Kunstzentrum wenigstens für das mittlere Deutschland wurde. Die Pflege der Kunst und des Kunstsinnes ließ Fuldas Abt sich sehr angelegen sein. Er wies einen bestimmten Teil der Einkünfte des Klosters der Herstellung künstlerischer Arbeiten zu,⁴) er vollendete den von seinem Vorgänger begonnenen Neubau des Klosters und erbaute außerdem in den mit Fulda verbundenen klösterlichen Niederlassungen und in den zu dem Kloster gehörigen Dörfern dreißig Kirchen.⁵) Unter seinen Bauten ragt besonders die Kirche auf dem nahe bei Fulda gelegenen Petersberge hervor, von der noch bis heute ein Teil der alten Krypta erhalten ist; die Apsis der Kirche schmückte die Darstellung der Wiederkunft des Herrn.⁶)

Der Schmuck der Kirchen war in dieser Zeit eine wichtige der künstlerischen Thätigkeit zugewiesene Aufgabe.⁷)

In der Metalltechnik, die überhaupt einen der am frühesten zu großer Vollkommenheit gediehenen Kunstzweige darstellt,⁸) that sich unter den jungen Novizen und Brüdern vor allem Isanbert hervor.⁹) Hervorragende Werke wie der Reliquienschrein des heil. Bonifatius,¹⁰) ein anderer kunstvoller Schrein mit zwei stehenden Cherubsfiguren¹¹) entstanden in der Kunstwerkstätte des Klosters, ferner wurden hier neben

---

¹) Köhler, Hrab. Maurus und die Schule zu Fulda. Dissert. Leipzig. 1869. S. 28.

²) Günther, Geschichte des mathem. Unterrichts im deutschen Mittelalter. 1887. S. 73. (Monum. Germ. paedagogica. III.)

³) „Sic homo consistit, sic corporis illius artus Expositos Mauro Strabus menstrante tenebo." Walahfr. carm. Mon. Germ. poet. lat. II, 417.

⁴) Kunstmann, Hrab. Magn. Maurus. 1841. S. 100. Anm. 4.

⁵) Rud. mir. sanct. Fuld. cc. 5. 49. Migne, patrol. lat. CVII, 43. 65.

⁶) Hrab. carm. Mon. Germ. poet. lat. II, 211.

⁷) „Exstruxit ecclesiam, quam picturis et diversorum varietate metallorum decenter ornavit, altaribus et crucibus auro argentoque paratis vasisque diversi generis, quae divinus cultus exposcit, congruenter adhibitis." Rud. mir. sanct. Fuld. c. 45. Migne, patrol. lat. CVII, 63.

⁸) F. X. Kraus, Gesch. der christl. Kunst. 1897. II, 15.

⁹) Ad Isanbertum. Mon. Germ. poet. lat. II, 191.

¹⁰) Mon. Germ. poet. lat. II, 213.

¹¹) „Arcam, quam sub duobus cherubin positam diximus." Rud. mir. sanct. Fuld. c. 17. Migne, patrol. lat. CVII, 51.

anderen Arbeiten metallene Altarverzierungen und mit Mosaik verzierte Baldachine hergestellt.¹) — Einer hohen Blüte erfreute sich die Malerei, die ihre Hauptvertreter in Hatto²) und Rudolf fand.³) Auch Candidus war nicht nur ein gewandter Versifikator, sondern auch ein fleißiger Maler. Bescheiden berichtet er selbst davon, daß er mit geringem Können in der Abtei der Klosterkirche auf dunkelblauem Grunde verschiedene Gestalten gemalt habe.⁴) Schlossers Behauptung, daß aus keinem anderen Kloster uns eine solche Fülle von Künstlernamen überliefert sei als aus Fulda zur Zeit des Rabanus Maurus,⁵) ist noch nicht widerlegt worden. Auch darauf hat man hingewiesen, daß es keine unbedeutende künstlerische Kräfte gewesen sein können, die sich in Fulda an die schwierigsten Aufgaben heranwagten.⁶) Viele Mönche erlernten auch die Kunst der Buchmalerei. Welch ein emsiges Leben da in der „Schreibstube von Fulda" geherrscht haben muß, können wir aus dem in bibliographischer Beziehung so lehrreichen Aufsatze Clemens ersehen.⁷) — Es entspricht nur dem machtvollen Einfluß, den die Lehrpersönlichkeit eines Raban auf seine ganze Umgebung ausüben mußte, wenn die Fuldaer Kunst eine seiner „lehrhaft-historischen Richtung" sich ganz und gar anpassende geistige Signatur erhält, durch welche ihr ein eigenes, „sie von allen anderen Kunststätten jener Tage unterscheidendes Gepräge" aufgedrückt wird: es sind profane, zeitgeschichtliche Stoffe, an denen die Fuldaer Maler ihre Kunst üben.⁸) Dagegen tritt der ornamentale Zweck wie auch der in anderen Klöstern herrschende rein religiöse Charakter der Malerei zurück. Freilich bis zu dem Grade, bis zu welchem Schlosser dies anzunehmen scheint, konnte die Illustration der heil. Schrift nicht hintangesetzt werden. Raban wäre sich selber untreu geworden, wenn er nicht auch die Malerei unter den alles beherrschenden religiösen Gesichtspunkt gestellt hätte. Diese Kunst hatte

---

¹) „Erigens desuper ligneum aedificium, mechanica arte fabricatum, quod argento et auro atque lapidibus pulchra varietate decoravit." Rud. mir. sanct. Fuld. c. 16. Migne, patrol. lat. CVII, 49.
²) Ad Bonosum. Mon. Germ. poet. lat. II, 196: „Nam pictura tibi cum omni sit gratior arte."
³) Hrab. carm. LXXII. Mon. Germ. poet. lat. II, 226.
⁴) „Absida quam super exstructa namque imminet ingens Quamque egomet quondam hac Christi nutritus in aula Presbyter et monachus Bruun vilisque magister Depinxi ingenio tenui parvaque Minerva Formans expressi varios ferrugine vultus." Candidi vit. Æig. II. Mon. Germ. poet. lat. II, 112 v. 133 sqq.
⁵) J. v. Schlosser, Eine Fulder Miniaturhandschrift. Jahrbuch der kunsthist. Sammlungen des österr. Kaiserhauses. 1892. XIII. 1, 31.
⁶) Hauck, Rabanus Maurus. Realencyklopädie für prot. Theologie und Kirche. 2. Aufl. XII, 460.
⁷) Clemen, Studien zur Geschichte der karoling. Kunst. I. Die Schreibschule von Fulda. Repertorium für Kunstwissenschaft. 1890. XIII. 123 ff.
⁸) J. von Schlosser, Eine Fulder Miniaturhandschrift. Jahrb. der kunsthist. Sammlungen des österr. Kaiserhauses. 1892. XIII. 1, 31 f.

auch damals den wichtigen pädagogischen Zweck, den sie für das ganze Mittelalter beibehielt, die „Bibelschrift für die Analphabetiker" zu sein.¹)

g) Die Erziehung im engeren Sinne oder Zucht.

Zur Vervollständigung unseres Bildes erübrigt es noch mit einem kurzen Blick zu prüfen, wie die Erziehung im engeren Sinne, die Zucht, in unserer Lehranstalt aufgefaßt und gehandhabt wurde. Wohl waren hier in der regula S. Benedicti bestimmte Leitlinien für das erziehende Handeln vorgezeichnet, aber die eigentliche Theorie der Erziehung, auf welche Raban alle erzieherischen Maßnahmen und Grundsätze letztlich aufbaut, enthält die heil. Schrift. Indem er sich auf Stellen des Alten und Neuen Testaments berief, hatte er schon in den politischen Wirren unter Ludwig dem Frommen in seiner Flugschrift „de reverentia filiorum erga patres" die richtige Position zu gewinnen gewußt,²) die man mit Recht als „eines Lehrers würdig" hat rühmen können.³) Aus der heil. Schrift heraus entwickelt er auch die disciplinarischen Ansichten, die er im 3. Buche seiner an den Chorbischof Reginbald gerichteten Abhandlung „de ecclesiastica disciplina" niedergelegt hat. Sein Schüler Rudolf hat uns berichtet, wie groß das praktische Interesse gewesen sei, welches er der klösterlichen Erziehung zugewandt habe.⁴) Er maß derselben auch keine geringe Bedeutung bei. Er preist die Zucht als „die Wächterin der Hoffnung, den Zügel des Glaubens, die Führerin auf dem Wege zum Heile, den Brennstoff und die Nahrung der guten Naturanlage, die Lehrerin der Tugend".⁵) Vom Lehrer, der die Zucht ausübt, verlangt er vor allem die Tugend der temperantia.⁶) Wie fern ihm als Erzieher und Menschen der soviel erwähnte „finstere, mönchisch=tyrannische Geist" lag, mögen wir aus folgenden äußerst charakteristischen an einen befreundeten Priester Hadubrand gerichteten Worten ermessen: „Si dixeris mihi hic et hic, illic et illic mutantur hominum mores et disciplinae vigor cadit, hoc a me recipias responsum, quod nusquam omnes boni nisi in caelo, nusquam omnes mali nisi in inferno."⁷) Als ein wahrhaft christ= licher Pädagog streift er jedes Motiv, das einer gesunden christlichen Ethik widerspricht, von der Züchtigung ab: „wenn die Brüder, vor allem die Priester züchtigen, so thun sie es nicht aus Haß, sondern

---

¹) Janitschek, Geschichte der deutschen Malerei 1890. S. 54.
²) Dümmler, Gesch. des ostfränk. Reiches. 2. Aufl. 1887. I, 105 f.
³) G. Meier, Hrabanus Maurus. Bibliothek der kath. Pädagogik. 1890. III, 119.
⁴) „Curaque maxima circa disciplinam monasticam". Rud. mir. sanct. Fuld. c. 5. Migne. patrol. lat. CVII, 43.
⁵) De ecclesiast. disciplina. Migne, patrol. lat. CXII, 1231.
⁶) „Debet temperantiae, ut continens, clemens et moderatus fiat." De cleric. inst. III c. 27. Migne, patrol. lat. CVII, 406.
⁷) Epistolae Fuldenses hrgb. von Dümmler. Forschungen zur deutschen Gesch. V, 380.

aus Liebe und um zu bessern."¹) Die Art und Weise, wie die Disziplin gehandhabt wird, soll sich aber durchaus nach der Individualität des einzelnen Schülers richten.²) In Anlehnung an die Benediktinerregel³) mahnt hier Raban den Lehrer, daß er den Ernst des Meisters und die Liebe des Vaters zeigen solle.⁴) Lehrer und Eltern — diesen liegt die Erziehung nicht minder ob als jenen — sollen aber bei ihrer Aufgabe vor allem das Wort beherzigen „ne quid nimis". Der Lehrer soll seine Schüler, die Eltern ihre Kinder in aller Zucht („in omni disciplina") heranziehen, aber ohne jedwede Uebertreibung („cum discretione").⁵) Daß der Zweck der Strafe in die Zukunft, nicht in die Vergangenheit weist, daß sie nicht Vergeltung üben, sondern weiterem Fehlen vorbeugen soll,⁶) wird des öfteren betont, so auch in der zutreffenden Bemerkung, daß viele auf ihre Fehler aufmerksam gemacht und gebessert werden, wenn wenige ordentlich gezüchtigt werden.⁷) Raban verbannt die Rute nicht aus der Schule, er beruft sich dafür auf die heil. Schrift (Proverb. 23, 14).⁸) Darum sind aber die schon oben erwähnten Worte H. Schillers (S. 20) durchaus nicht gerechtfertigt, ebenso wie wir keinen Grund entdecken können, der Masius vollauf berechtigte, auf „die ferula Hrabani, deren wohl hier und da Erwähnung geschieht",⁹) hinzuweisen. Seine Schüler und seine Zeit wissen jedenfalls nichts von der „ferula Hrabani", diese wird vielmehr bei einem sechs Jahrhunderte später lebenden Geschichtsschreiber erwähnt,¹⁰) der erwiesenermaßen ein Geschichtsfälscher ist,¹¹) und aus seiner Zeit heraus das Bild unseres großen Lehrers durch derartige erdichtete Züge am besten illustrieren zu können glaubte. Das Bild Rabans als Erzieher erscheint vielfach auch verzerrt, weil man ihn für den Verfasser eines Kommentars zur Benediktinerregel hielt,¹²) der nicht

---

¹) De ecclesiast. discipl. Migne patrol. lat. CXII, 1231.
²) „Secundum qualitatem hominis sic debet temperari disciplina magistrorum". l. c. 1232.
³) Regula S. Benedicti c. II.
⁴) De eccl. discipl. Migne, patrol lat. CXII, 1233.
⁵) l. c. p. 1232.
⁶) Toischer, Theoretische Pädagogik u. allgemeine Didaktik. 1896. S. 186.
⁷) De ecclesiast. discipl. Migne patrol. lat. CXII, 1233.
⁸) l. c. p. 1232.
⁹) Masius, Die Erziehung im Mittelalter in K. A. Schmids Geschichte der Erziehung. Stuttgart 1892. II. 1, 204.
¹⁰) B. Rabani vita auctore Trithemio (1462—1516). Migne, pathol. lat. CVII, 79. Auch die unwahrscheinliche Vermutung, daß Liutbert, Erzb. von Mainz, Rabans Schüler gewesen sei, scheint Masius von Trithem übernommen zu haben. Mas, Die Erzieh. im Mittelalter. l. c. S. 206.
¹¹) Wattenbach, Deutschlands Geschichtsquellen. 6. Aufl. 1893. 1, 2. 8. vgl. vor allem den Artikel Trithemius in der Allgem. deutsch. Biogr. XXXVIII, 629 f.
¹²) Als solchen bezeichnet ihn schon die erste uns vorliegende Arbeit über Raban, Buddaeus, de vit. ac. doctrina Hrab. Magn. Mauri. Dissert. Jenae 1724. p. 104, ebenso Richter, Programm Malchin 1882, Köhler u. a.

von ihm herrührt, sondern wahrscheinlich von Smaragdus verfaßt ist.[1]) Darnach erledigen sich die Vorwürfe von selbst, die besonders Richter unter Berufung auf diesen Kommentar auf Raban häuft. In einer Kritik seiner Arbeit ist Richter schon entgegengehalten, daß in jenen Zeiten urwüchsiger Kraft und zügelloser Unbändigkeit bei Jungen und Alten Strenge noch lange nicht Barbarei gewesen sei, wie ja stramme Zucht überhaupt keine Knechtung der Individualität bedeute.[2]) „Eine über wahre Ethik sich hinwegsetzende Schuldressur", „ein Barbarismus des Strafverfahrens"[3]) kann aber unter Raban in Fulda überhaupt nicht am Platze gewesen sein. Der gegenteiligen Ansicht fehlt die wissenschaftliche Berechtigung, sie steht auch im schrillen Widerspruch zu der großen und begeisterten Auffassung, die Raban vom Berufe des Erziehers hatte, wie auch zu der tiefen Frömmigkeit, dem liebevollen Eingehen auf die Eigenart des Schülers, das ihm, wie wir schon an anderer Stelle gesehen haben, die Herzen derselben bald gewann.

---

[1]) Hauck, Kirchengesch. Deutschlands 1890 II, 593. Hauréau, Singularités historiques et litt. p. 123 sq.

[2]) Philologische Rundschau hrgb. von E. Wagner und E. Ludwig. Bremen 1883. III, 864.

[3]) Richter, Hrabanus Maurus. Ein Beitrag zur Gesch. der Pädagogik des Mittelalters. Programm. Malchin 1882. S. 13 ff. (cap. VI: Hraban und die Benediktinerregel).

IV.

Die grundlegende Bedeutung Rabans für die Entwicklung der Bildung in Deutschland.

Nachdem unsere bisherige Darstellung Raban von seinem Werden als Schüler bis zu seinem Wirken als Lehrer und Leiter der ersten Schule Deutschlands verfolgt hat, werden wir nunmehr sein Nachwirken und Einwirken auf das Bildungswesen in Deutschland ins Auge zu fassen haben.

An dieser Stelle muß sich dann die Frage letztlich entscheiden, inwiefern der berühmte Lehrmeister Fuldas als praeceptor Germaniae bezeichnet werden kann.

Daß Rabans Wirkung über die Kreise, die von ihm unmittelbar ihre Geistesbildung empfingen und direkt unter dem Eindrucke seiner bedeutenden Persönlichkeit standen, weit hinausging, liegt einmal in seiner umfangreichen schriftstellerischen Thätigkeit begründet,[1]) dann aber besonders in der weitreichenden Wirksamkeit seiner Schüler, die vom Geiste ihres Meisters zu gleichem Streben bewegt, dessen Willen und Grundsätze weiter trugen.

Dem in der Klosterschule zu Fulda gesprochenen Wort treten als bedeutsame Ergänzung die in der stillen Zelle verfaßten Schriften Rabans zur Seite, ein unvergänglicher Besitz, durch den viele auf den Weg der Bildung geführt werden sollten. Ihrer großen Mehrzahl nach erwachsen die Werke Rabans aus dem Unterricht, — sie gehen gleichsam, wie wir sagen würden, aus seinen Heften hervor[2]) — und fast alle haben sie denn auch den einen praktischen Zweck, der Erziehung und dem Unterricht zu dienen.[3])

---

[1]) Einen erschöpfenden Ueberblick über dieselbe gewährt Histoire litéraire de la France V.: a) ses ouvrages p. 155—190; b) ouvrages perdus p. 190—194; c) écrits attribués à tort à Raban Maure 194—196. Ebenso unbedeutend aber wie der „Beitrag zur Lebensgeschichte des Rab. Maurus" von K. F. Köhler in der Zeitschr. für die historische Theologie hrgb. von Kahnis 1874. XLIV, 250 ff ist die lückenhafte und unkritische Zusammenstellung Köhlers in dem Artikel „Rabanus Maurus als Schriftsteller." Zeitschrift für wissenschaftl. Theologie hrgb. von Hilgenfeld 1876. XIX, 64 ff.

[2]) Dümmler, Hrabanstudien. Sitzungsber. der Akad. der Wissensch. zu Berlin. 1898. III, 33.

[3]) Ebert, Geschichte der Literatur des Mittelalters. 1880. II, 126.

Die theologischen Schriften Rabans nehmen unter seinen literarischen Arbeiten durchaus die erste Stelle ein. Wir dürfen ihn ohne Bedenken den ersten Deutschen nennen, der die Theologie wissenschaftlich gepflegt hat.[1]) Er suchte nach der Form, die reichen hier vorliegenden Gedankenschätze fruchtbar zu machen und kam wie vor ihm Alcuin zur Arbeitsweise der Kompilation. Er will nicht so gern seine eigenen Gedanken darbieten, er sucht vielmehr größere Männer als eine vortreffliche Schule des Wissens und Denkens für seine Zeitgenossen nutzbar zu machen. Seine Kommentare sollen dafür sorgen, „ut lector pauperculus, qui librorum copiam non habet, aut cui in pluribus scrutari profundos sensus patrum non licet, saltem in isto sufficientiam suae indigentiae inveniat."[2]) Wir müssen es verstehen, daß er einer Zeit keine neuen Forschungen darbieten konnte, in der von einer Fortbildung der Wissenschaft noch gar nicht die Rede sein konnte, die vorerst auf Empfangen angewiesen war, und in der überhaupt geistige Bildung erst gepflegt werden mußte. Wenn er mit seiner literarischen Thätigkeit wirken wollte, so mußte sie sich nach dem damaligen Stande der Bildung und den damaligen Bedürfnissen bestimmen. Rabans Kommentare sind denn auch mehr als interessante Manifestationen des damals herrschenden Geschmackes, über die wir heute lächeln, sie haben vielmehr die Bedeutung, daß sie den Klosterschulen die fehlende geistige Nahrung bieten, ja ihnen ganze Bibliotheken ersetzen mußten. So bittet Freculph von Lüttich den Raban um einen Kommentar zum Pentateuch, da an seinem Bischofssitze ein solcher Büchermangel herrsche, daß man nicht einmal eine Bibel habe aufauftreiben können.[3]) Rabans Bücher konnten aber einen solchen Zweck erfüllen, weil sie durch die Art ihrer Abfassung ganze Bibliotheken in den Rahmen eines Handbuches zusammenfaßten.[4]) In seiner literarischen Thätigkeit handelt es sich für Raban eben zuvörderst um die nächsten sichersten Wege zu dem — erreichbaren — Ziele der Bildung.

Die größte literarische Fruchtbarkeit in der Auslegung der heil. Schrift entwickelte er als Abt. Seine kommentierende Thätigkeit erstreckt sich über alle wichtigeren Bücher des Alten und Neuen Testaments.[5]) Der am frühesten verfaßte Bibelkommentar ist der dem Erzbischof Haistolf von Mainz gewidmete Matthäuskommentar, dessen Entstehung

---

[1]) König, Walahfr. Strab. von Reichenau. Freiburger Diöcesan-Archiv. 1868. III, 344.

[2]) Praef. ad Heist. Migne, patrol. lat. CVII, 727.

[3]) „Ad haec vestrae charitatis vigilantia intendat, quoniam nulla nobis librorum copia suppeditat, etiamsi parvitas obtusi sensus nostri vigeret, dum in episcopio, nostrae parvitati commisso, nec ipsos novi veterisque testamenti canonicos reperi libros, multo minus horum expositiones". Migne, patrol. lat. CVII, 441.

[4]) Dümmler, Gesch. d. ostfr. Reiches. 2. Aufl. 1887. II, 316.

[5]) Eine Zusammenstellung nach der zeitl. Folge giebt Hauck, Rabanus Maurus. Realencycl. für prot. Theologie und Kirche. 2. Aufl. XII, 463.

in die Jahre 821—22 fällt.¹) Raban schreibt aber nicht bloß für Kleriker: mehrere seiner exegetischen Werke sind von Laien veranlaßt und für solche bestimmt.²)

Rabans exegetische Kompilationen entsprachen nicht nur den Bedürfnissen der Zeitgenossen,³) sie hatten auch eine über ihre Zeit hinausgreifende Bedeutung dadurch, daß sie das Material einer theolog. Auslegung der Bibel trotz der knappen Form in möglichster Vollständigkeit beibringen.⁴) Für die Auslegung der heil. Schriften entstand durch ihn gewissermaßen eine eigene Schule, welche die Kenntnis der christl. Lehre, wie sie sich in der Ueberlieferung der Kirchenlehrer entwickelt hatte, weit verbreitete, und indem sie die verschiedenen Ansichten und Erklärungsweisen der Väter mitteilte, „den Geist vom mechanischen Gange des Nachbetens abhielt und zur selbständigen Thätigkeit anregte.⁵)

Es ist klar, daß sich die Exegese der Folgezeit in Deutschland ganz an Rabanus Maurus anlehnte. Wir erinnern an Walahfr. Strabus, der Raban besonders zu den historischen Büchern des alten Testaments fleißig benutzt und die Auslegung zu den Büchern der Makkabäer fast ganz von Raban abschreibt.⁶) Aehnlich verfährt Paschasius in seinem Matthäuskommentar.⁷) Man wird durchaus den Worten Haucks zustimmen müssen, der alle die nachfolgenden theologischen Schriftsteller als mehr oder weniger unvollkommene Parallelen zu Raban bezeichnet, dessen Interessen auch sie haben, dessen Methode sie befolgen, dessen Anschauungen sie vertreten.⁸) Der bedeutendste unter ihnen ist jedenfalls Walahfrid Strabus, der in der glossa ordinaria aus den Werken seines Lehrers einen Bibelkommentar für Kleriker schuf, der während des ganzen Mittelalters das beliebteste Hülfsmittel der Bibelerklärung blieb und noch im 17. Jahrh. sich im Ansehn erhielt.⁹) Er wurde von den großen Gelehrten des Mittelalters wie von Petrus Lombardus einfach als „autoritas" angeführt, und von Thomas von Aquino bei Beweisen mit Formeln wie „quia ut dicit

---

¹) Windisch, Der Heliand und seine Quellen S. 82 f.
²) Hauck, Kirchengesch. Deutschlands 1890. II, 582 Anm.
³) „Feci enim, sicut in tua epistola mihi iussisti et collegi undique de sanctorum patrum dictis in unum volumen singularum sententiarum solutiones; et ubi minus antiquorum invenire potui explanationes, nostras iuxta eorum sensus similitudinem inserui expositiones." Praef. ad Frec. Migne, patrol. lat. CVIII, 10.
⁴) Werner, Alcuin und sein Jahrhundert. Wien 1881. 2. Aufl. S. 129.
⁵) Kunstmann, Hrab. Magn. Maurus 1841. S. 163.
⁶) König, Walahfr. Strabo von Reichenau. Freiburger Diöc.-Archiv 1868. III, 449.
⁷) Zeitschrift für deutsches Altertum 1895. N. F. XXVII, 74 ff.
⁸) Hauck, Kirchengesch. Deutschl. 1890. II, 591 f.
⁹) Specht, Gesch. des Unterrichtswesens 1885. S. 301.

glosa, secundum glosam" häufig zitiert.[1]) — Auch Otfrid, der berühmte Verfasser des Evangelienbuches und Schüler Rabans, strebt sein Ziel an wie sein Lehrer, indem er Ueberkommenes mit Eigenem verbindet.[2]) In kürzester Zeit waren die handlichen Kommentare des Fuldaer praeceptor in allen deutschen Klöstern im Schulgebrauch, sicherlich fanden sie den Intentionen des Verfassers entsprechend, da am ersten Eingang, wo es an Bildungsmitteln am meisten gebrach, wo es neben kunstverständigen Mönchen auch an den nötigen Geldsummen fehlte, um sich wertvolle Abschriften von den Werken der Kirchenväter beschaffen zu können. Ein annäherndes Bild von dem Einfluß Rabans auf diesem Gebiete können wir gewinnen, wenn wir an dieser Stelle in die uns aus alter Zeit erhalten gebliebenen Bücherkataloge der reicheren und größeren deutschen Klöster einen Einblick thun. Zu Fulda selbst befanden sich auf der alten Bibliothek noch im 16. Jahrhundert 38 Bände handschriftlicher Werke des Raban.[3]) Kataloge aus dem 9. und 10. Jahrhundert weisen seine Kommentare auf in den Klöstern Reichenau, St. Gallen — hier befinden sich sämtliche exegetischen Schriften Rabans — Würzburg, Weißenburg, Lorsch; solche aus dem 11. und 12. Jahrh. in Augsburg, Lindesfarne, Corbeia, — von dem aus das sächsische Kloster Corvey gegründet war, — Prüfening, Steinfeld, Hirschau, — auch dies Kloster besaß sämtliche Werke des Fuldaer Abtes — Wessobrunn, Heilsbrunn[4]) und Eberbach.[5]) Von dem Einfluß der exegetischen Werke wurde demnach ein großer Teil Deutschlands berührt, auch fremde Kommentatoren erscheinen von Raban stark abhängig.[6]) Sein Ruhm als Exeget drang weit hinaus auch über Deutschlands Grenzen. Es war nicht nur der Ehrgeiz vornehmer Geistlicher, wie des archidiaconus palatii Gerold, von ihm eine Schrift gewidmet zu erhalten,[7]) sogar Könige wünschten von ihm eine Dedication, wie dies die an König Ludwig d. Deutschen gerichtete, dem Werke de universo vorausgeschickte praefatio Rabans deutlich zeigt.[8])

---

[1]) König, Walahfr. Strabo von Reichenau. Freiburger Diöc.-Archiv 1868. III, 444 f.
[2]) Zeitschrift für deutsches Altertum 1896. N. F. XXVIII, 122.
[3]) Kindlinger in Welles Buchonia I, 149,
[4]) Becker, Catalogi bibliothecarum antiqui 1885. SS. 19, 34, 50, 56. 38 vgl. 134, 72, 137, 172, 190, 209, 213, 217, 219, 230.
Eine aus dem „Monasterium Fontissalutis" stammende, dem 11. Jahrh. angehörende Handschrift besitzt die königl. bayer. Universitätsbibliothek zu Erlangen. Es ist Rabans Kommentar zum Proph. Jesaja, von dem bis jetzt nur die praefatio bei Kunstmann, Hrab. Magn. Maurus S. 225 ff. gedruckt vorliegt.
[5]) Neues Archiv d. Gesellsch. für ältere deutsch. Geschichtsk. 1898. XXIII, 628.
[6]) Dahl, Rabanus Maurus in Schneibers Buchonia III, 148.
[7]) Reverend. Geroldo. Migne, patrol. lat. CIX, 1127.
[8]) „Feci libenter, quod petistis et ipsum opus vobis in viginti duobus libris terminatum transmisi". Praef. ad. Ludov. Migne, patrol. lat. CXI, 9.

Auf literarischem Gebiete ist Raban nicht am allerwenigsten ein praeceptor geworden für viele durch seine wenn auch unscheinbaren, so doch dem Bedürfnis der Zeit genau angepaßten Lehr= und Lern= bücher. Seine didaktische Erfahrung und sein universales Wissen be= fähigten ihn wie niemand anders zu seiner Zeit dazu, auf diese Art den Strom der Bildung weiterzuleiten über die dürren Gefilde Deutsch= lands. Für die spezielle Unterrichtspraxis verfertigte er wahrscheinlich noch als Lehrer einen Auszug aus der Sprachlehre des Priscian, die „excerptio de arte grammatica Prisciani",[1]) in dem gerade die Metrik besondere Berücksichtigung findet. Wohl mag die Schrift auch dem Lehrer als Leitfaden bei der Unterweisung in der Grammatik und Metrik gedient haben, Raban scheint sie eigentlich für Schüler be= stimmt zu haben. Dies ergibt sich bei näherer Vergleichung mit dem Original. Zu leichterem Verständnis für die Anfänger bringt er nämlich hin und wider Beispiele bei, die wir in unsern Ausgaben des Priscian nicht finden.[2]) So ist es Raban gelungen, den Priscian eigentlich erst in die deutschen Klosterschulen einzuführen, ihn in immer weiteren Kreisen bekannt zu machen und ihm zu der Beliebtheit zu ver= helfen, die dieser Autor dann das ganze Mittelalter hindurch behalten hat.[3]) Beweis hiefür sind die glossierten Handschriften, die bis auf unsere Tage gekommen sind.[4])

Als ein Schulbuch im engeren Sinne ist hier auch der Aufsatz „de inventione linguarum" zu nennen.[5]) Raban läßt seine Person — das sehen wir an solchen Schriften besonders klar — ganz und gar zurücktreten, er will nicht mit literarischen Eigenproduktionen neue Bahnen wissenschaftlichen Lebens eröffnen, er ist als ein echter Lehrer vollauf zufrieden, wenn er nur für die Schule, für die Begründung der Bildung in seiner Heimat thätig sein kann.

Den gleichen praktischen Zweck hat seine Schrift „de computo", die schon äußerlich durch die Form des Dialogs ihren schulmäßigen

---

[1]) Migne, patrol. lat. CXI, 614 vgl. Keil, Gramm. lat. II, p. X.
[2]) Bach, Habranus Maurus, der Schöpfer des deutschen Schulwesens. Zeitschr. für Altertumswissensch. hrgb. von Zimmermann 1835. S. 660.
[3]) Wir finden manche Notizen in den späteren Lehrbüchern für lat. Unterricht, die sich auf Rabans Schriften zurückbeziehen. Wir verweisen hier unter anderen auf die „Fecunda ratis", das von Egbert von Lüttich ver= faßte erste Lehrbuch für die Trivialstufe vgl. Mitteilungen der Gesellschaft für deutsche Erziehungs= und Schulgeschichte hrgb. von Kehrbach 1891. I, 50 ff., ferner auf die „Proben aus dem Catholicon des Johannes de Janua (1286)" bei Bäbler, Beiträge zu einer Gesch. der lat. Grammatik im Mittelalter 1885, S. 184. Im 12. Jahrhundert wird Raban auch von Hieronymus Augustodunensis fleißig benutzt. Vgl. Grupp, Die deutschen Didaktiker und die Schulen des XII. und XIII. Jahrhunderts. I. Teil. Pro= gramm. Brandenburg a. d. Havel 1888. S. 5.
[4]) E. Steinmeyer und E. Sievers, Die althochdeutschen Glossen. 1882. II, 367.
[5]) Migne patrol. lat. CXII, 1579.

Charakter verrät.¹) In dieser Schrift hat Raban ein Lehrbuch der Arithmetik und Astronomie geschaffen, welches die sämtlichen schwierigen hierher gehörigen Fragen in 96 Kapiteln abhandelt. Er hat dabei namentlich das Werk des Engländers Beda „de temporum ratione" zu Grunde gelegt. Daß sein Buch einen kompendienartigen Charakter tragen soll und demzufolge auch auf einen geringeren Grad von Fassungskraft berechnet ist, spricht er in dem an Marcharius gerichteten Prologe deutlich aus.²) Es soll ein rechtes Schulbuch für Anfänger sein, welches das bisher über den vorliegenden Stoff Geschriebene in größerer Deutlichkeit darbietet (easque tibi lucidiores redderem), sich vor allem der Kürze befleißigt (dum brevitati studerem) und nur das durchaus Notwendigste bringt. (Quae mihi magis necessaria videbantur addidi³). In kurzer Zeit fand dieser Computus seinen Weg an die anderen Bildungsanstalten Deutschlands wie Weißenburg, Hirschau, Lorsch⁴), Einsiedeln⁵), St. Gallen, Reichenau; übrigens scheint man auch in England leichter nach ihm unterrichtet und gelernt haben zu können als nach Bedas Werk.⁶)

Raban ist durch sein Werk im Gegensatze zu seinen Vorgängern, deren Arbeiten auf diesem Gebiete mehr den monographischen Charakter an sich tragen, der Anfänger der mathematischen Kompendienliteratur geworden.⁷) Die Spuren von hervorragenden Mathematikern der damaligen Zeit führen nicht nur direkt in die Klosterschule von Fulda,⁸) sondern auch die ganze mathematische Literatur Deutschlands im Mittelalter und zwar ganz besonders die zahlreichen Arithmetikkompendien sind unter der Nachwirkung Rabans entstanden,⁹) der sich so auch auf diesem Gebiet als praeceptor Germaniae erweist.

Als Raban im Jahre 842 die Abtswürde niedergelegt und sich auf den Petersberg bei Fulda zurückgezogen hatte,¹⁰) hörte er nicht auf für Verbreitung der Bildung thätig zu sein, in dem er sich jetzt

---

[1] Ueber Entstehung der Schrift vgl. Dümmler, Hrabanstudien. Sitzungsber. d. Akadem. der Wissensch. zu Berlin. 1898. III, 32.

[2] „Scias me non difficultati verborum aut obscuritati sententiarum studuisse, imo magis plana quaeque faciliaque collegisse". Prolog. in lib. de comp. Migne, patrol. tos. CVII, 669).

[3] Prolog. in lib. de comp. l. c. p. 670.

[4] Becker, Catalogi bibliothecarum antiqui 1885 S. 134. 72.

[5] Neues Archiv der Gesellsch. für ält. deutsche Geschichtskunde. 1888. XIII, 308.

[6] Neues Archiv der Gesellsch. für ält. deutsche Geschichtsf. (Kathedralbibl. zu Exeter). 1897. XXII, 679.

[7] Günther, Geschichte des mathemat. Unterrichts im deutschen Mittelalter. 1887. S. 66. Monumenta Germ. paedagogica III.

[8] Günther l. c. p. 45.

[9] v. Böck, Die sieben freien Künste im 11. Jahrh. Ein Beitrag zu den Studien des Mittelalters. Donauwörth 1847. S. 59.

[10] Dronke, Zur Chronologie der Fuldaer Aebte. Zeitschr. des Vereins für hess. Gesch. V. 1, 32.

in seiner gelehrten Zurückgezogenheit ganz seinen literarischen Arbeiten und Studien widmete.[1])

Eine Frucht dieses Aufenthaltes, bei welcher besonders die universelle Richtung seines Geistes zu Tage tritt, ist die Riesenkompilation, die er in seinem encyklopädischen Werke „de universo libri XXII" geschaffen hat.[2]) Auch dieses Werk ist durchaus nicht originell, sondern fußt vielfach wörtlich auf der Realencyklopädie Isidors von Sevilla (originum seu etymologiarum libri XX), der ebenfalls aus den Werken der Alten, besonders des Plinius, geschöpft hat. In 22 Büchern, von denen die ersten fünf theologischen Inhalts sind, Buch 6—22 hingegen profane Wissensgebiete, besonders naturgeschichtliche Stoffe behandeln,[3]) stellt Raban alles dar, was nach den Ansichten und Begriffen seiner Zeit Gegenstand der wissenschaftlichen Bildung und des gelehrten Unterrichts war. Er bringt in dieser seiner Universalencyklopädie in gedrängter Form eine Auslese aus dem Besten, was die Geistesarbeit vergangener Jahrhunderte produziert hatte. Indem er die Realkenntnisse der Alten auf diese Weise sozusagen lehrbar machte, wurde er im 9. Jahrhundert für Deutschland das, was Isidor, der gelehrteste Mann und umfassendste Lehrer seiner Zeit, im 7. Jahrhundert gewesen war.[4]) Er ersetzte zu einer Zeit, wo die Quellen der Bildung nur spärlich flossen, wo die Bücher selten und kostbar waren, mit diesem Produkt seines gelehrten Sammelfleißes ganze Bibliotheken und bewahrte Wissenszweige, welche dem allgemeinen Interesse ferner lagen, vor der Vergessenheit.[5]) Das, was dies Werk für die Entwicklung des deutschen Bildungswesens bedeutet, können wir nicht besser ausdrücken als mit den Worten Leopold von Rankes, der da sagt „Bücher dieser Art verbinden Jahrhunderte."[6]) Wie Raban sich auf Isidor stützt, so stehen in der That die Encyklopädiker des hohen Mittelalters, ein Hugo von St. Victor (Eruditio didascalica) und Vincentius Bellovacensis (Speculum) wieder durchaus auf den Schultern Rabans.[7]) — Ein untrügliches Zeichen von dem Ansehen, welches unser Werk das ganze Mittelalter hieburch genoß, ist, daß dasselbe im Jahre 1466 durch Johann Mentel, den ersten Buchdrucker nach Guttenberg, zu Straßburg im Abdruck erschien unter

---

[1]) „Ibique manens ac Deo serviens coelesti philosophiae vacabat". Rud. mir. sanct. Fuld. c. 5'. Migne, patrol. lat. CVII, 65.
[2]) Migne, patrol. lat. CXI, 9 sqq.
[3]) G. A. Erdmann, Geschichte der Entwicklung und Methodik der biolog. Naturwissenschaften stellt SS. 14—18 die von Raban gegebene Systematik und einige charakterist. Auszüge aus dem Inhalt dar.
[4]) Fellner, Kompendium der Naturwissenschaft an der Schule zu Fulda im 9. Jahrh. 1879. S. 9.
[5]) Willmann, Didaktik als Bildungslehre. 1882. I, 271.
[6]) L. v. Ranke, Weltgeschichte VI. I, 143.
[7]) Schmidt, Hugo von St. Victor. Encycl. Handb. der Pädagogik. 1897. III, 743.

dem Titel „de universo s. de sermonum proprietate et mystica rerum significatione libr. XXII.[1]) Dasselbe blieb nicht nur auf deutschem Boden, sondern auch außerhalb Deutschlands noch lange Zeit im Gebrauch. Beweis hierfür ist eine Kopie dieses Buches,[2]) — seit kurzem besitzen wir auch einen Abdruck derselben[3]) — die noch im Jahre 1023 in Monte Cassino verfertigt ist mit einer Fülle von Illustrationen, die im Original nach der Vermutung von Clemen unmittelbar auf die Malerwerkstatt Fuldas im 9. Jahrhundert zurück= gehen.[4])

Es darf nicht unerwähnt bleiben, welche Bedeutung Rabans Encyklopädie auch für die Geschichte der einzelnen Disciplinen hat. So scheint man Raban das Lob zugestehen zu müssen, daß sich der erste Versuch eines Deutschen über die Geschichte der Philosophie bei ihm findet.[5])

Das Gegenstück zu der Universalencyklopädie de universo bildet in gewisser Hinsicht die von Raban während seiner Thätigkeit als Magister[6]) verfaßte Encyklopädie der theologischen Wissenschaften, sein pädagogisches Hauptwerk „De clericorum institutione."[7]) — Es ist ein dem Boden der Unterrichtsthätigkeit entwachsenes Lehr= und Schulbuch, auf die Bitten und zum Gebrauch seiner Schüler geschrieben. In der Vorrede erzählt Raban, er habe seit langem die Fragen der Brüder in Betreff ihres Amtes mündlich und schriftlich beantwortet: sed non in hoc satis eis facere potui, qui me instantissime postulabant, imo cogebant, ut omnia haec in unum volumen congererem, ut haberent, quo aliquo modo inquisitionibus suis facerent satis et in uno codice simul scriptum reperirent."[8]) Er weist dann auf den durchaus praktischen Zweck des Buches hin, der darin besteht, daß „seine Schüler sich und andere daraus für das geistliche Amt unterrichten sollen."[9])

Schon um des hohen Ansehens seines Verfassers willen wurde es bei dem Unterricht in der Folgezeit vielfach zu Grunde gelegt. Hatte man bisher die Schüler nach Cassiodors institutiones divinarum

---

[1]) Dahl, Rabanus Maurus in Schneiders Buchonia. III, 151.
[2]) G. Meier, Hrabanus Maurus. Biblioth. der kath. Pädagogik. 1890. III, 121.
[3]) Rabano Mauro. Miniature della Encyclopedia Medioevale di . . . . . . codice di Montecassino Nr. 132, dell' Anno 1023. Monte- cassino 1896.
[4]) Repertorium für Kunstwissenschaft. 1890. XIII, 129.
[5]) Richter, Der Uebergang der Philosophie zu den Deutschen im 6. bis 11. Jahrh. Halle. 1880. S. 22.
[6]) Kunstmann, Hrab. Magn. Maurus. 1841. S. 55.
[7]) Migne, patrol. lat. CVII, 297.
[8]) Praefat. ad Heistulphum. Migne, patrol. lat. CVII, 295.
[9]) „Cum qua vel se vel sibi subditos ad servitium divinum instruere debent." Praef. ad Heistulphum. l. c. p. 296.

scripturarum in das nächste Verständnis der heil. Schrift eingeführt, so behandelte man jetzt die in das Gebiet der Hermeneutik und Einleitung gehörenden allgemeinen Fragen wohl vorwiegend nach dem Werke Rabans.[1]) Der wichtigste Abschnitt des Werkes ist entschieden das auf Augustins Schrift De doctrina christiana sich stützende 3. Buch, in welchem, wie wir schon ausführlich behandeln konnten, vor allem der Unterricht in den septem artes liberales sowie das Studium der Klassiker und der heidnischen Philosophie als notwendige Bestandteile der wissenschaftlichen Bildung eines Geistlichen gefordert werden.[2]) Darin erblickt gerade Specht die größte Bedeutung der institutio, dieses „vielgelesenen Handbuches", für das Unterrichtswesen der folgenden Zeiten, daß Raban hier für die Geistlichen das System einer, wenn auch in den kirchlichen Interessenkreis eingefügten, humanistischen Bildung auf Grundlage der alten Klassiker aufstellt.[3])

Wintera meint mit Sicherheit annehmen zu können, daß die in der institutio ausgesprochenen Grundsätze Rabans auch in Brewno, der vornehmsten Kulturstätte Böhmens in der ersten Hälfte des Mittelalters, Aufnahme gefunden haben,[4]) jedenfalls waren den Klosterschulen Deutschlands in ihnen die Richtlinien für die Geistesbildung der folgenden Generationen vorgezeichnet. Zum Teil ließen sich die Klöster wie Lorsch, Weißenburg, Hirschau das Buch abschreiben, in vielen Schulen unterrichteten aber Schüler Rabans nach den Grundsätzen, die ihr Meister für die Bildung aufgestellt hatte. Wenn man die „institutio clericorum" Rabans „die erste Pädagogik für höhere Schulen" genannt hat,[5]) so hat man damit auf die grundlegende Bedeutung hingewiesen, welchem diesem Werke und seinem Verfasser in der Geschichte der Bildung zukommt. Wohl mag dasselbe auch wichtig erscheinen für die Kenntnis der Bildungsstufe, auf der die damaligen Kleriker Deutschlands standen, wichtiger ist der Einfluß, den es nicht bloß auf die unmittelbaren Schüler Rabans, sondern überhaupt für

---

[1]) König, Walahfr. Strabo von Reichenau. Freiburger Diözesan-Archiv. 1869. III, 388.

[2]) „Tertius vero liber edocet quomodo omnia, quae in divinis libris scripta sunt, investiganda sunt atque discenda nec non et ea, quae in gentilium studiis et artibus ecclesiastico viro scrutari utilia sunt." Praef. ad Heist. Migne, patrol. lat. CVII, 296.

[3]) Specht, Gesch. des Unterrichtsw. 1885. S. 300.

[4]) Wintera, Die Kulturthätigkeit Brewno's im Mittelalter. Studien und Mitteil. aus dem Benediktiner- und Cistercienserord. 1895. I, 33.
Daß der von Raban ausgehende Bildungseinfluß thatsächlich Böhmen berührte, ist auch zu ersehen aus dem Aufsatze von G. Loesche, Die Bibliothek der Lateinschule zu Joachimsthal in den Mittheil. der Gesellsch. für Erziehungs- und Schulgesch., hrgb. von Kehrbach. 1892. II, 219.

[5]) Schiller, Gesch. der Pädagogik. 1887. S. 57.

die nachfolgenden Jahrhunderte ausgeübt hat.¹) Derselbe war so nachhaltig, daß es noch im 16. Jahrhundert vier Abdrucke erlebte.²) Der Teil der literarischen Thätigkeit unseres Gelehrten, der in das Gebiet der theologischen Publicistik gehört, liegt außerhalb des Rahmens unserer Darstellung. Erwähnenswert sind seine Briefe, aus denen wir ersehen, wie er mit den hervorragendsten Männern seiner Zeit in einem regen geistlichen Verkehre steht.³) Auch sein Briefwechsel charakterisiert ihn vor allem als Lehrer. Er will auch hier andere fördern und dadurch selbst gefördert werden: „magnorum virorum conamen antiquitus fuit, ut invicem scribendo sua provocarent studia et exercerent ingenia."⁴) Man kann seine Briefe so in der That „epistolae plenae humanitatis et eruditionis" nennen.⁵)

Daß Fulda unter Raban auch der erste Sitz künstlerischer Bestrebungen in Deutschland war, ist oben schon angeführt worden. Andere Klöster, wie Reichenau eiferten bald dem Vorbilde nach, welches die Centralbildungsstätte Deutschlands in der Pflege der Kunst gab.⁶) In Fulda selbst erneuerte noch im 10. Jahrh. der Abt Hadamar (927—956) die Anordnung seines großen Vorgängers, durch welche ein wesentlicher Teil der Klostereinkünfte für künstlerische Zwecke bestimmt und die Heranziehung künstlerischen Nachwuchses zu einer steten Angelegenheit der Klosterleitung gemacht wurde. In ähnlicher Weise folgte im 11. Jahrh. auch Bardo, Abt von Werden a. d. Ruhr, dem Vorbilde Rabans.⁷)

Mit der Pflege der Kunst im engen Zusammenhang steht die Bilderdichtung Rabans „de laudibus sanctae crucis".⁸) Der Verfasser deutet diesen Charakter seiner poetischen Arbeit selbst an:

„Ad Christi laudem hunc edidit arte librum
Quo typicos numeros tropicas et rite figuras
Indidit, ut dona panderet alma Dei."⁹)

---

¹) Ebert, Gesch. der Literatur des Mittelalt. 1880. II, 134.
²) Baehr, Gesch. der röm. Literatur im karolingischen Zeitalter. 1840. S. 434.
³) Die neuesten Forschungen nach Handschriften von Episteln und Widmungsschreiben Rabans von Krause (die Münchener Handschriften 3851. 3853) im Neuen Archiv der Gesellsch. für ält. deutsche Geschichtskunde. 1894. XIX, 89. 98., von Hampe im Neuen Archiv der Gesellsch. für ält. deutsche Geschichtsf. 1898. XXIII, 626. 628. 632. 637. 646. f. 656 f. (an Hinkmar von Reims). Vgl. ferner Neues Archiv der Gesellsch. für ält. deutsche Geschichtsf. 1885. X, 196. 1886. XI, 130 f. 1887. XII, 490 f. 1892. XVII, 484.
⁴) Rab. Freculpho. Migne, patrol. lat. CVII, 441.
⁵) Willems, Scholae Benedictinae. Studien und Mitteilungen aus dem Benediktiner- und Cistercienserorden. 1897. IV, 585
⁶) Hauck, Kirchengesch. Deutschlands. 1890. II, 567.
⁷) Janitschek, Gesch. der deutsch. Malerei. 1890. S. 55.
⁸) Migne, patrol. lat. CVII, 133.
⁹) Mon. Germ. poet. lat. II, 159.

Mitarbeiter an dem Werke, welches zugleich ein Zeugnis von den in Tours empfangenen poetischen Anregungen liefert,¹) ist Hatto, der Mitschüler Rabans bei Alcuin.²) Da dieser im Malen sehr geschickt war,³) wird man in der Annahme nicht fehlgehen, daß der bildnerische Schmuck des Werkes von ihm herrührt.

Schon zu seiner Zeit wurde Raban wegen dieser Dichtung in fast überschwänglicher Weise gefeiert. Sein Schüler Rudolf, dem man später auch den Titel „poeta" zuerkannt hat,⁴) preist seinen Lehrer als „sui temporis poetarum nulli secundus".⁵) Jedenfalls stand in Fulda die Pflege der Poesie, die Uebung in metrischen Leistungen, nicht hinter der Beschäftigung mit der Kunst zurück. Daß das „Lob des Kreuzes" über die damalige Zeit hinaus noch während des ganzen Mittelalters beliebt und sehr verbreitet war, bezeugen die zahlreichen uns erhaltenen Abschriften desselben.⁶) Auch der Ausgang des Mittelalters ist voll Lobes über diese Schöpfung. Reuchlin, das Haupt der deutschen Humanisten, wurde durch sie zu den begeistertsten Distichen hingerissen⁷) und der Pädagoge Wimpfeling preist das Germanien, „welches einen solchen Mann hervorbrachte."⁸) Noch im 17. Jahrh. ließ sich der Kaiser Rudolf II. eine Kopie des Werkes anfertigen. Wimpfeling besorgte auch die erste Ausgabe mit Holzschnitten, die schon 1501 bei Anshelm in Pforzheim erschien, also zu den frühesten gedruckten Büchern Deutschlands zählt, andere Ausgaben folgten im Jahre 1595 und 1605 zu Augsburg.⁹)

Für uns hat Rabans Werk keinen poetischen Wert, obwohl wir die große Gewandtheit und Kunst in der Handhabung der lateinischen Sprache und Metrik bewundern. Den Bedürfnissen der damaligen und einer späteren Zeit hat es sicher genügt. Rabans poetische Leistungen tragen ganz das Gewand ihrer Zeit, in der die Poesie auf deutschen

---

¹) Lorenz, Alcuins Leben. S. 210.
²) „Librum sanctae crucis, quam te adhortante inchoavi, te collaborante dictavi, teque opitulante perfeci." Kunstmann, Hrab. Magn. Maurus. S. 169.
³) Ad Bonosum. Mon. Germ. poet. lat. II, 196, XXXVIII.
⁴) Herimanni Aug. Chronic. Mon. Germ. SS. V, 106.
⁵) Annal. Fuldens. ad a. 844. Mon. Germ. SS. I, 364.
⁶) Neues Archiv für ält. deutsche Gesch. 1879. S. 97. Repertorium für Kunstwissenschaft. 1890. XIII, 128 f. XIV. 1891. S. 264. Dümmler, Hrabanstudien. Sitzungsber. d. Akad. d. Wissensch. zu Berlin. 1898. III, 31.
⁷) „Crux haec plus Rabani quam Constantinia splendet
Quondam sidereis visio picta notis."
Migne, patrol. lat. CVII, 134.
⁸) „O praeclarum et omni veneratione dignum opus, quo non immerito Germania, quae talem virum peperit, illustris redditur et gloriosa."
Migne, patrol. lat. CVII, 133.
⁹) J. v. Schlosser, Eine Fulder Miniaturhandschrift. Jahrb. der kunsthist. Samml. des österreich. Kaiserhauses. 1892. XIII, 1, 30.

Boden noch in den ersten Anfängen steckend, nichts weiter war als eine gelehrte Kunstübung. Gerade darum haben sie aber auch Bedeutung für ihre Zeit und haben noch über ihre Zeit hinaus wichtige Impulse zu dichterischem Schaffen gegeben. Jedenfalls ist Otfried hauptsächlich durch den liber de laudibus s. Crucis seines Lehrers zu seinen versifikatorischen Uebungen angeregt worden.[1]) Ebenso hat Kelle als erste Quelle von Ezzos Gesang von den Wundern Christi Rabans Gedicht de laud. s. crucis nachgewiesen.[2]) Walahfrid, unter den Dichtern des 9. Jahrhunderts gewiß nicht der letzte, denn seine Dichtungen bekunden ein großes schöpferisches Talent,[3]) hat unter der Einwirkung Rabans gestanden. In den Bibliotheken findet man immer wieder Spuren von mittelalterlichen Widmungsversen, die den Charakter Rabanischer Diktion tragen.[4]) Im besonderen läßt sich der Einfluß des Gedichtes de laud. s. crucis ferner noch sowohl mittelbar an Nachahmungen[5]) wie unmittelbar an wörtlichen Entlehnungen noch in der zweiten Hälfte des Mittelalters nachweisen.[6])

Von den übrigen poetischen Erzeugnissen Rabans, die wesentlich aus Gelegenheitsgedichten an Freunde,[7]) aus Inschriften für Kirchen, Altäre und Grabdenkmäler bestehen,[8]) sind besonders seine Hymnen für den gottesdienstlichen Gebrauch an den Heiligenfesten hervorzuheben.[9]) Raban ist der ersten Deutschen einer, sagt Schletterer, die lateinische Hymnen gedichtet und sich um die Hymnologie ihres Vaterlandes Verdienste erworben haben.[10])

Ein zusammenfassender Ueberblick über die litterarische Thätigkeit Rabans zeigt, wie er auch hier sein universales Wissen völlig in den Dienst des Lebens stellt, wie er allen Gebieten der Kunst und Wissenschaft auf dem rauhen Boden Deutschlands die Wege zu ebnen sucht: Ueberall leuchtet, wie Bach ausführt, das unaufhörliche Streben hervor, nach Maßgabe der ihm zu Gebote stehenden Hilfsmittel die geistige Ausbildung seiner Zeitgenossen über das bisherige niedrige Niveau zu erheben.[11]) Daß diesem Streben der Erfolg nicht versagt geblieben ist,

---

[1]) Schönbach, Otfridstudien. Zeitschr. für deutsches Altertum. 1896. N. F. XXVIII, 117.
[2]) Sitzungsberichte der k. Akademie der Wissenschaften zu Wien. phil=hist. Kl. 1893. CXXIX. 1, 42.
[3]) Ebert, Gesch. der Lit. des Mittelalters. 1880. II, 157.
[4]) Neues Archiv der Gesellsch. für ält. deutsche Geschichtskunde. 1898. XXIII, 629.
[5]) Jacobs und Ukerts Beiträge zur Bibliothek von Gotha. I. 1, 97.
[6]) Neues Archiv der Gesellsch. für ält. deutsche Gesch. 1891. XVI, 177.
[7]) Dümmler, Hrab. Maur. carm. Mon. Germ. poet. lat. II, 158 sq.
[8]) F. X. Kraus, Die christl. Inschriften der Rheinlande. 1894. II, 61. 104. 126.
[9]) Mon. Germ. poet. lat. II, 234 sq.
[10]) Schletterer, Gesch. der christl. Dichtung. I, 319.
[11]) Bach, Rabanus Maurus in Zimmermanns Zeitschr. f. Altertumswissenschaft. 1835. S. 657.

glauben wir durch unsere bisherigen Ausführungen dargethan zu haben. Mag man ihm immerhin den Titel eines praeceptor Germaniae wegen seines Werkes „De cleric. institutione" nicht zusprechen wollen,[1]) sicher wird man sich dazu verstehen müssen, ihn mit Ebert als den Mann zu würdigen, „der den größten Einfluß auf die Pflege der literarischen Bildung in Deutschland gehabt hat."[2])

„Man finde einen Grund", meint H. Schiller, „warum man Rabanus Maurus, den man so gerne den praeceptor Germaniae nennt, nicht mit ebenso gutem Rechte praeceptor Italiae, Hispaniae, Africae nennen könnte. Denn spezifisch germanischen Verhältnissen wird in keinem Punkte Rechnung getragen, sondern die Bedürfnisse der Kirche und ihre Ansprüche an die Bildung der Geistlichkeit sind allein maßgebend."[3])

Die Frage, inwiefern Raban praeceptor Germaniae genannt werden kann, wird durch diese Worte nach einer ganz bestimmten Seite hin präzisiert.

Um hier Klarheit zu gewinnen, haben wir uns zu vergegenwärtigen, welches die Bedürfnisse nicht der Kirche, sondern des damaligen deutschen Volkes waren, denen die Kirche nicht entgegengekommen sein sollte. Im engen Zusammenhange damit wird dann weiter auf die Verdienste Rabans um die Pflege der deutschen Sprache und der Litteratur zur Förderung der Nationalsprache hinzuweisen sein, Verdienste, welche ihm durchaus das Gepräge eines deutschen Lehrers aufdrücken.

Wie wir auch aus den Predigten Rabans ersehen können, hatte man es damals mit einer rohen, dem Heidentum noch sehr zugeneigten Bevölkerung zu thun, in der viele, nur dem Namen nach Christen, den christlichen Glauben mit den mannigfaltigsten Vorstellungen heidnischen Aberglaubens vermengten. Dieser Bevölkerung Deutschlands gegenüber nahm alle Kräfte der Kirche ihre ursprünglichste Aufgabe, die Predigt des Evangeliums, in Anspruch.[4]) Einerseits galt es „extra positos et in paganico errore adhuc conversantes ad fidem Christi percipiendam invitare", andererseits „in ecclesiam iam introductos doctrina et exhortatione catholica corroborare."[5]) Und das war denn auch der höchste Anspruch, den Raban an die Bildung des Geistlichen stellte: seine ganze Bildung sollte ihn befähigen zu predigen, denn Lehrer des Volkes — „futurus populi rector" —

---

[1]) Ziegler, Gesch. der Pädagogik. 1895. S. 28.
[2]) Ebert, Gesch. der Lit. des Mittelalters. 1880. II, 120.
[3]) Encyklopädisches Handbuch der Pädagogik, hrgb. von Rein. 1897. IV. 304.
[4]) Dümmler, Gesch. des ostfränk. Reiches. 2. Aufl. 1887. I, 311.
[5]) Praefat. Rabani ad Reginb. Migne, patrol. lat. CXII, 1191

sollte er vor allen Dingen sein.¹) Letztlich war es unserem Fuldaer Scholarchen doch immer um das Volk zu thun; und wir können nur einer Betrachtung, die nicht auf dem Boden einer christlichen Auffassung der Geschichte der Pädagogik steht, das Recht einräumen, hier von „Bedürfnissen der Kirche" zu reden.

Raban arbeitete mit unermüdlichem Eifer für die Belehrung des Volkes in den Wahrheiten des Christentums und für die Verbesserung der Sitten, indem er Lehrer des Volkes heranbildete und selbst auf dasselbe durch die Predigt einzuwirken suchte.²) Er selbst war ein bekannter Verfasser von Homilieen.³) Wir besitzen zwei Sammlungen, die eine von dem Erzbischof Haistolf von Mainz veranlaßt,⁴) während die andere auf den Wunsch des Kaisers Lothar geschrieben ist.⁵) In der Widmung an den ersteren betont er, daß seine Predigten handeln sollen „von allem, was für das Volk notwendig ist."⁶) Und er verstand es, für das Volk zu predigen, wie wir z. B. aus den Homilieen 42 und 43 ersehen können.⁷) Wohl lehnen sich seine Predigten in manchen Ausführungen an große homiletische Vorbilder wie das eines Augustin an⁸) und sind demzufolge auch im kurzen lateinischen Entwurfe niedergeschrieben, gehalten hat er sie zweifellos in deutscher Sprache.⁹) Die ihm untergebenen Priester auf dem Lande mahnte er als Fuldaer Abt zu treuer Pflichterfüllung. Dem Bischof Humbert von Würzburg rät er unablässige Predigt und eifrige Seelsorge, um den Geist christlicher Sitte immer mehr in das rohe Volk zu pflanzen.¹⁰)

---

¹) Hauck weist hierfür mit Recht auf den ganzen letzten Hauptteil des 3. Buches De cleric. inst. hin (Kirchengesch. Deutschl. 1890. II, 584). — Raban spricht dies aber auch an andern Stellen oft aus. So schreibt er an Brunward, Abt von Hersfeld, die ursprünglichste Aufgabe der Geistlichen, zu der sie Christus selber berufen habe, sei „doctores populi, laus gregis atque duces" zu sein. Ad Brunw. Mon. Germ. poet. lat. II, 184.
²) Rud. mir. sanct. Fuld. c. 6. Migne, patrol. lat. CVII. 44.
³) „Rabanus archiepiscopus, qui optimas omelias et tractatos et sermones composuit." Ser. archiep. Moguntin. Mon. Germ. SS. XIII, 315.
⁴) Praef. ad Heist. archiep. Migne, patrol. lat. CX, 9.
⁵) Kunstmann, Hrab. Magn. Maurus. 1841. S. 220.
⁶) „Ad praedicandum populo de omnibus quae necessaria eis credidi." Praef. ad. Heist. Migne, patrol. lat. CX, 9.
⁷) Migne, patrol. lat. CX, 78—81. Freundgen übersetzt die Homilie 48 „de studio sapientiae etc." des Hrabanus Maurus pädagog. Schriften übersetzt und hrgb. von Freundgen in der Sammlung der bedeutendsten pädagog. Schriften. Paderborn. 1890. V, 231.
⁸) Cruel, Geschichte der Predigt. Detmold. 1879. S. 59. 63 f.
⁹) Kelle, Gesch. der deutschen Literatur. 1892. 1, 137.
¹⁰) „Quia per comessationem, ebrietatem et turpia verba ac ioca in conviviis celebrata saepe rixae oriuntur atque homicidia perpetrantur, exceptis his, qui latrones et maligni homines quotidie in insidiis ob cupiditatem agere solent, necessarium mihi videtur, ut sedula praedicatione ab his vitiis abstinere plebes ad moneantur." Epist. Fuld., hrgb. v. Dümmler. Forsch. z. deutsch. Gesch. 1884. XXIV, 423.

Am 26. Juni 847 wurde Raban „durch die einmütige Wahl der Geistlichkeit und des Volkes" zum Erzbischof von Mainz erkoren und damit an die Spitze der Kirche in Deutschland gestellt.¹) Er bekleidete die erzbischöfliche Würde bis zu seinem am 4. Februar 856 erfolgten Tode.²) — Die Richtlinien seiner Thätigkeit blieben dieselben.³) Auch als Kirchenfürst wollte er dem Werke der Volkserziehung und Volksbildung dienen. Das beweist die noch im Oktober des Jahres 847 auf der unter seinem Vorsitze abgehaltenen Provinzialsynode zu Mainz erfolgte Erneuerung des 813 von Karl erlassenen Gebotes der Predigt in deutscher Sprache: „Quilibet episcopus homilias continentes necessarias admonitiones, quibus subiecti erudiantur, id est de fide catholica prout capere possint . . . . . et ut easdem homilias quisque aperte transferre studeat in rusticam Romanorum linguam Theotiscam, quo facilius cuncti possint intelligere, quae dicuntur."⁴) — Ein Gegner aller politischen Thätigkeit der Geistlichen,⁵) strebte er auch selbst nicht nach politischem Einfluß, die Pflichten seines Hirtenamtes, die Sorge für das geistige Wohl des Volkes und seine literarische Thätigkeit lagen ihm allein am Herzen. Sein Eifer um die Besserung der kirchlichen Zustände tritt besonders hervor in seiner Arbeit zur Förderung aller Art von Missionswerken.⁶) Schon von Fulda aus hatte er zahlreiche Kirchen gegründet,⁷) um christliche Gesittung immer tiefer in die Schichten der Bevölkerung eindringen zu lassen. Und als man in Deutschland den Missionsbestrebungen im hohen Norden kein Augenmerk mehr schenkte, da war es Raban, der mit lebhafter Teilnahme für sie eintrat, dem neugeweihten Bischof von Schweden, Gotzbert, von Fulda aus Geschenke wie die Apostelgeschichte, Meßbücher, Altar= und Priestergewänder, ja selbst Glocken darbringen ließ und dessen Genossen ermunterte, im Dienste der Kirche mutig auszuharren.⁸) — Auch als Erzbischof bewies er den gleichen Eifer: am 28. Oktober 850 weihte er die Kirche des heil. Wigbert zu Hers=

---

¹) Epist. Fuld., hrgb. von Dümmler. Forschungen zur deutschen Gesch. V, 387 cf. Mon. Germ. SS. I, 365.
²) Annal. Fuldens. Mon. Germ. SS. I, 370.
³) Einen chronologisch geordneten Ueberblick gewährt Böhmer = Will, Regesten zur Gesch. der Mainzer Erzbischöfe. 1877. I, 64 ff.
⁴) Hartzheim, Concilia Germaniae bei Schannat. II, 154.
⁵) „Nam proh dolor! multi inveniuntur huius temporis viri in ecclesiasticis personis qui relicto praedicandi officio et spiritali conversatione, in eo se magnos aestimant, si terrenis negotiis praeponantur et disceptationibus saecularium saepe intersint." Ad Haym. episc. Migne, patrol. lat. CXI, 13.
⁶) Ausführlicheres siehe bei Schumann, Missionsgeschichte der Harzgebiete. 1869. SS. 53. 103. 116. 119.
⁷) Rud. mir. sanct. Fuld. Migne, patrol. lat. CVII, 43. 65 etc.
⁸) Epist. Fuldens., hrgb. von Dümmler. Forschungen zur deutsch. Gesch. V, 382. 381.

feld,¹) am 1. September 852 die Salvatorkirche zu Frankfurt,²) in Klingenmünster hatte man es ihm zu danken, daß die abgebrannte Kirche wieder hergestellt wurde.³) Den in halbheidnischen Gegenden wirkenden Chorbischöfen der großen Mainzer Diözese stand er mit Rat und That zur Seite. So schickte er dem in Thüringen in der Erfurter Gegend wirkenden Chorbischof Reginhar seine Predigten über die Kirchenfeste, ebenso widmete er ihm seine Schrift „de vitiis et virtutibus."⁴) Für den Chorbischof Reginbald ist sein Werk „de disciplina ecclesiastica libri III" bestimmt.⁵) — Hatte Theodulph von Orléans die Predigt des Evangeliums und die spezielle Seelsorge gelegentlich der Beichte als die beiden Hauptarten pastoraler Lehrthätigkeit am Volke hingestellt, so ist es für den Lehrer Deutschlands ganz charakteristisch, daß er noch auf eine dritte Art besonderen Nachdruck legt, nämlich auf die Unterweisung der Unmündigen durch die Katechese, über deren rechte Weise er in den zwei ersten Büchern des zuletztgenannten Werkes in Anlehnung an Augustins „De catechizandis rudibus" handelt.⁶) Auch in dem für den Mainzer Chorbischof Thiotmar bestimmten „liber de sacris ordinibus", das in veränderter Ordnung den Inhalt des ersten Buches der „institutio clericorum" enthält, weist Raban auf Grund jener Schrift Augustins mit Nachdruck auf die Notwendigkeit der Vorbereitung der ununterrichteten Katechumenen hin.⁷) So wird die Lehrmission der Geistlichen von ihm immer wieder auf das entschiedenste betont. Seine bedeutende Stellung in Deutschlands Kirche und sein Ansehen als Gelehrter wird aber nicht wenig dazu beigetragen haben, daß es seinem Streben an Erfolg nicht fehlte.

Rabans Blick blieb nicht auf die engen Klostermauern geheftet, er kannte das Volk und erkannte die ihm hier gestellten besonderen Aufgaben der Zivilisation und Evangelisation, deren eine nicht ohne die andere lösbar war.

Raban war ein Sohn des deutschen Volkes, ein praeceptor Italiae oder Hispaniae konnte er schon deshalb nicht sein, weil er viel zu sehr ein Deutscher war,⁸) war er doch auch stolz darauf, sich ein „genere Francus" nennen zu können."⁹) Mag es „vor ihm tüchtige Schulmeister in Deutschland gegeben haben,"¹⁰) die Bedeutung, die

---

[1]) Annal. Hildesheim. ad a. 850. Mon. Germ. SS. III, 46.
[2]) Dümmler, Geschichte des ostfränk. Reiches. 2. Aufl. 1887. I, 360.
[3]) Mon. Germ. poet. lat. II, 228. LXXVI v. 11 sqq.
[4]) Forschungen zur deutschen Geschichte. V, 382.
[5]) Migne, patrol. lat. CXII, 1191.
[6]) Werner, Alcuin und sein Jahrhundert. 2. Aufl. Wien. 1881. S. 246.
[7]) Rab. lib. de sacris ordinibus c. 7: de catechizandi ordine — c. 13 de ordine sacri baptismatis. Migne, patrol. lat. CXII, 1170 sqq.
[8]) Kelle, Gesch. der deutschen Literatur. 1892. I, 112.
[9]) Mon. Germ. poet. lat. II, 160. Dümmler, Hrabanstudien. Sitzungsberichte der Akad. der Wissensch. zu Berlin. 1898. III, 28 Anm.
[10]) Schiller, Gesch. der Pädagogik. 1887. S. 57.

Raban als Gelehrter und vor allem als deutscher Lehrer hatte, können wir keinem von diesen auch nur im entferntesten beimessen. Sie waren alle Fremdlinge und vermochten deshalb der Bildung, die sie auf deutschem Boden pflanzen wollten, keine Lebenskraft einzuhauchen.[1]) Raban kannte den deutschen Boden. Darum keimte die Saat der Bildung, die er ausstreute, auch zur erfreuenden Frucht heran. Darum blieb diese Bildung, obwohl sie der Fremde entnommen war, den germanischen Verhältnissen nicht etwas fremdes, sondern konnte im Gegenteil ein wichtiges Moment in der nationalen Eigenentwicklung der deutschen, damals ostfränkischen Lande bilden.

Was Alcuin für Westfranken bedeutete, das bedeutet sein Schüler Raban für das ostfränkische Reich. In Deutschland war Fulda und sein großer Abt das hauptsächlichste Bildungswerkzeug Karls des Großen. Während aber Alcuin für nationale Litteratur keinen Sinn hatte, — er hat in seiner Muttersprache auch nicht eine Zeile geschrieben[2]) — fanden die von Karl d. Gr. zur Förderung der Nationalsprache gelegten Keime in Fulda unter Raban ihre Hauptpflege.

Zunächst mußte die Muttersprache ja auch in der Fuldaer Lehranstalt als Mittel zur Gewinnung des ersten Wortverständnisses der lateinischen Sprache im Unterrichte verwendet werden.[3]) Aber man brachte ihr hier auch ein ganz spezielles Interesse entgegen. Bekundet Raban sein deutschsprachliches Interesse schon in dem oben erwähnten Aufsatz „De inventione linguarum ab Hebraea usque ad Theotiscam",[4]) so tritt dasselbe besonders auffallend hervor in der großen Vorliebe, mit der er in seinen Gedichten deutsche Personennamen etymologisch zu erklären sucht wie Isanbert — „ferrum clarum" —,[5]) Friduriz — „ulciscere pactum" —,[6]) Gerhoh,[7]) Brunwards[8]). Ein unzweifelhafter Beleg für die Verwendung der deutschen Sprache in der Klosterschule gelegentlich der Unterweisung in den Fächern des Quadriviums ist ein uns erhaltenes Verzeichnis lateinischer und deutscher Benennungen für die einzelnen Teile des menschlichen Körpers, welches Walahfrid Strabus in dem Unterrichte Rabans angelegt hat.[9]) Raban bediente sich in der deutschen Sprache sowohl mündlich als schriftlich

---

[1]) Heppe, Das Schulwesen des Mittelalters. 1860. S. 5 Anm.
[2]) Dümmler, Alcuin. Allgemeine deutsche Biographie I, 347.
[3]) J. Müller, Quellenschriften und Geschichte des deutschsprachlichen Unterrichts. 1882. S. 204.
[4]) Migne, patrol. lat. CXII, 1579.
[5]) „Ferrum me clarum dudum dixere parentes". Mon. Germ. poet. lat. II, 242.
[6]) Mon. Germ. poet. lat. II, 182 v. 23.
[7]) „Omonimusque sagittae". . . . Mon. Germ. poet. lat. II. 187. XXIII v. 1 cf. v. 7.
[8]) „Ultima quem clarum, hunc causat prima nigellum Sillaba". . . Ad Brunw. Mon. Germ. poet. lat. II, 184 cf. vv. 15 sqq. 21 sqq.
[9]) Wackernagel, Geschichte der deutschen Litteratur. 1879. I, 67.

besonders bei der Erklärung der biblischen Bücher wie der Werke der klassischen Autoren. Eine Frucht dieser seiner Lehrthätigkeit sind seine Glossen zu den lateinischen Schriftstellern wie zu den Büchern des alten und neuen Testaments.[1]) Letztere waren im 9. Jahrh. sehr verbreitet. Lehrer wiesen ihre Schüler für das Studium der heil. Schrift auf diese Sammlung hin, so der hl. Notker seinen Schüler Salomo mit den Worten „si glossulas volueris in totam divinam scripturam, sufficit tibi Hrabanus Magontiacensis archiepiscopus".[2]) Leider sind die Glossen Rabans in ihrer ursprünglichen Gestalt bisher nicht gefunden, denn die uns vorliegenden ihm zugeschriebenen „Glossae Hrabani Mauri" sind nicht von ihm, sondern wahrscheinlich bayrischen Ursprungs.[3]) Immerhin ist es aber bemerkenswert, daß der betreffende Abschreiber des 9. ob. 10. Jahrh. die Ueberarbeitung dieses lateinisch-deutschen Wörterbuches, das dem Studium der klassischen Autoren dienen sollte, gerade Raban zugeschrieben hat. (Cod. 162 der Hofbibliothek zu Wien.)[4]) Fulda stand eben überall in dem Rufe eines strahlenden Vorbildes in der Pflege der Muttersprache. Aus dem Briefe des Servatus Lupus an Immo von Noyon, in welchem der bekannte Zögling Rabans das in seiner Heimat verbreitete Gerücht, er habe Fulda nur besucht, um dort in der deutschen Sprache unterrichtet zu werden, zurückweist,[5]) geht deutlich hervor, wie berühmt in der damaligen gebildeten Welt Fulda auch als Pflegestätte deutscher Bildung war.[6]) Als solche blieb die Lehranstalt dem deutschen Volke noch lange im Gedächtnis, wenigstens meint noch Flacius, die vermeintlich älteste auf Veranlassung Karls d. Gr. entstandene deutsche Bibelübersetzung auf eine Fuldaer Autorentrias, nämlich auf Raban, seinen Schüler Walahfrid und den mit Raban eng befreundeten Bischof Haymo zurückführen zu sollen.[7]) Die mannigfachen später entstehenden Glossarien[8]) sind in der That durchaus unmittelbar oder mittelbar Fuldaer Produkte. Rabans Mitarbeit an jener berühmten noch im späten Mittelalter gebrauchten glossa ordinaria Walahfrids ist sehr wahrscheinlich, unzweifelhaft ist es jedenfalls, daß sie unter seiner

---

) Siehe näheres bei Dronke, Fuldaer Gymnasialprogramm 1842.

[2]) Das Formelbuch des Bischofs Salamo III. von Konstanz hrgb. von Dümmler 1857 S. 69.

[3]) Müllenhoff und Scherer, Denkmäler deutscher Poesie und Prosa aus dem 7.—12. Jahrh. 2 Aufl. 1773. S. XXXI.

[4]) Kelle, Gesch. der deutsch. Litteratur. 1892. I, 110.

[5]) Desdevises du Dezert, Lettres de Serval Loup ep. 41. Paris 1888 p. 62.

[6]) Diese Folgerung zieht mit Recht Colombel, Vita Magn. Rhab. Mauri, primi Germaniae praeceptoris. Programm. Hadamar 1856. S. 8.

[7]) König, Ueber Walahfr. Strabo von Reichenau. Freiburger Diöces.-Archiv 1868. III, 450. Anm. 1.

[8]) Ueber die Art der Glossarien vgl. die Ausführungen von G. Meier, Gesch. der Schule von St. Gallen im Mittelalter. Jahrb. für schweiz. Gesch. 1885. X, 101.

direkten Einwirkung entstanden ist.[1]) Ebenso wird die deutsche Uebersetzung der Evangelienharmonie Tatians neuerdings als eine von Raban angeregte Arbeit angesehen, die auf dessen Betreiben um das Jahr 830 (nach der Annahme Kelles) oder 832 (nach der Annahme Koegels) in Fulda unmittelbar nach dem dort befindlichen Originale von mehreren in der deutschen Sprache grammatisch geschulten Fuldaer Mönchen verfertigt sei.[2]) Darnach wird Wackernagel Recht haben mit der Behauptung, daß die größere Genauigkeit, mit der man jetzt das Deutsche schriftlich darzustellen, die Sorgfalt, mit der man jetzt zuerst sogar die Accente und die Quantitäten zu bezeichnen begann, auf Fulda zurückgehe.[3]) So konnten sich die Anfänge, die ersten Versuche einer deutschen Klosterdichtung an Raban anlehnen. Otfrid, der erste Name, der in der Litteraturgeschichte der Deutschen auftaucht, mit seinem Evangelienbuch, dem ersten deutschen Werke, dessen Autor wir kennen,[4]) ist nach seinem eigenen Zeugnis ein Schüler Fuldas.[5]) Man hat ausführlich dargethan, wie stark der Einfluß ist, den sein Lehrer auf ihn ausgeübt hat,[6]) mit überzeugender Wahrscheinlichkeit ist auch der Nachweis beigebracht worden, daß sein Lehrer selbst, der „eifrige Freund und Pfleger deutscher Litteratur", ihn zu seinem Werke angeregt und aufgemuntert habe.[7]) Das eine erscheint jedenfalls sicher: Die Liebe Otfrids zur Muttersprache, das Gefühl, daß sie des göttlichen Wortes nicht unwürdig ist, dem er des öfteren entschiedenen Ausdruck verleiht und zuletzt auch seine philologische Schulung in der deutschen Sprache, die einem Werk, wie dem Evangelienbuch notwendig vorausgegangen sein muß, entstammen seinem Aufenthalt in dem stillen Waldkloster an der Fulda,[8]) woselbst er in der Zeit jugendlicher Empfänglichkeit, noch ehe er Mönch in Weißenburg wurde (a. 835), Aufnahme fand.[9]) Der Zweck seines Dichtwerkes, das Evangelium von Christus in anziehender Darstellung einem weiteren Kreise zu vermitteln, verrät den Geist Rabens, der auch den Schüler ganz beseelt. In dem Mystizismus und der Vorliebe für allegorische Deutung verleugnet Otfrid die Fuldaer

---

[1]) König, Ueber Walahfrid Strabo von Reichenau. Freiburger Diöc.-Archiv 1868. III, 443 f.

[2]) Kelle, Gesch. der deutsch. Litteratur 1892. I, 112. Kögel, Gesch. der deutsch. Litteratur 1894. I 1, 268 f.

[3]) Wackernagel, Geschichte der deutschen Litteratur 1879. I, 68.

[4]) Kelle, Gesch. der deutsch. Litteratur 1892. I, 150.

[5]) „A Rhabano, venerandae memoriae digno, vestrae sedis quondam praesule, educata parum mea parvitas est." Otfridi epist. ad Liutbertum. Otfrids Krist hrgb. von Graff. Königsb. 1831. S. XXXI f.

[6]) Kögel, Gesch. der deutsch. Litteratur 1897. I 2, 6.

[7]) Kelle, Geschichte der deutschen Litteratur 1892. I, 152.

[8]) Kelle, Otfrids Evangelienbuch I, 31.

[9]) Nach den neuesten Untersuchungen über den Zeitpunkt seines Aufenthaltes in Fulda von Kögel, Gesch. der deutsch. Litteratur 1897. I 2, 7.

Schulung nicht,[1]) wie er denn auch den Matthäuskommentar seines Meisters erwiesenermaßen fleißig gebraucht hat.[2]) Otfrids Werk war von epochemachender Bedeutung. Die aus der Zeit vor Notker stammenden kleineren Gedichte in Reimversen sind sämtlich von seiner Evangeliendichtung abhängig besonders in formaler Beziehung.[3]) Der südfränkische Dichter des Georgsliedes läßt diesen Einfluß so stark erkennen, daß er nach Koegels Vermutung einem Otfrid im Kloster Weißenburg umgebenden, ihm besonders nahestehenden Freundeskreise angehört haben muß,[4]) und die dem Ende des 9. Jahrh. entstammenden „Gebote des Sigihard" weisen fast nur Reminiscenzen aus Otfrid auf.[5])

Das eigentliche Verdienst, das Otfrid mit seinem Werke zuzuschreiben ist, liegt in der Sprachschöpfung, es besteht darin, daß er zu einer Zeit, wo es nach seinen eigenen Worten im fränkischen Reiche nur eine lateinische, keine deutsche Literatur gab,[6]) die fast unlösbare Aufgabe mit unendlicher Mühe zu bewältigen unternommen hat, ein deutsches Literaturwerk zu schaffen und so den Quell der deutschen Sprache für die Dichtung immer reicher zu erschließen.[7])

So wirkt der Lehrer Raban in seinen Schülern fort nicht als ein praeceptor Hispaniae oder Italiae, sondern als ein Lehrer Deutschlands. Daß Otfrieds Evangelienbuch große Verbreitung fand, ist klar: in Bayern wurde es alsbald abgeschrieben und gelesen.[8]) Walahfried aber führte ganz im Geiste seines Lehrers auch in dem schwäbischen Kloster Reichenau deutschsprachlichen Unterricht ein, wie dies ein alter aus seiner Zeit stammender Katalog der Klosterbibliothek beweist. Derselbe enthält eine ganze Reihe deutscher Gedichte, von denen verschiedene unmittelbar für den Unterricht im Deutschen bestimmt sind — „carmina diversa ad docendum Theodiscam lin-

---

[1]) Kögel, Gesch. der deutsch. Litteratur 1897. I. 2, 14.
[2]) Schönbach, Otfridstudien. Zeitschr. für deutsch. Altertum 1896. N. F. XXVIII, 112.
Eingehende Untersuchungen, durch welche die Abhängigkeit Otfrids von Raban mit großer Evidenz gezeigt wird, haben wir außerdem noch von Schönbach in der Zeitschr. für deutsch. Altertum. 1895. N. F. XXVII, 369—423.
[3]) Kögel, Gesch. der deutsch. Litteratur 1897. I 2, 79. Ueber Neuerungen Otfrids im Versbau vgl. S. 49.
[4]) Kögel, a. a. O. I 2, 96 ff.
[5]) Kögel, a. a. O. I 2, 111. Kögel weist bei den einzelnen Gedichten jedesmal in einem besonderen Abschnitt den Einfluß Otfrids nach: für das Ludwigslied S. 88, Bittgesang an Petrus S. 109, Augsburger Gebet S. 110, Christus und die Samariterin S. 115.
[6]) „Lingua enim haec (sc. theotisca) velut agrestis habetur, dum a propriis nec scriptura nec arte aliqua ullis est temporibus expolita."
Graff, Ottfrids Krist. Königsb. 1831. p. XXXI.
[7]) Schönbach, Otfridstudien. Zeitschr. für deutsches Altertum 1896. N. F. XXVIII, 123.
[8]) Hauck, Kirchengesch. Deutschl. 1890. II, 570 Anm. 4.

guam."¹) Mochte ein Servatus Lupus fortgehen aus Fulda, ohne sich die Kenntnis der deutschen Sprache wegen ihrer allzugroßen Schwierigkeit für den Fremden angeeignet zu haben,²) jedenfalls hatte er sie unter Raban achten und hochschätzen gelernt, sonst hätte er sich nicht an den ihm eng verbundenen Marcward von Prüm mit dem Wunsche gewandt „filium Guagonis, nepotem meum vestrumque propinquum, et cum eo duos alios pueros nobiles..... propter Germanicae linguae nanciscendam scientiam vestrae sanctitati mittere cupio."³) Auch Prüm, das sehen wir noch hieraus, war dem Vorbilde Fuldas in der Pflege der deutschen Sprache gefolgt.

Rabans Geist ist in der ganzen deutschen Literatur seiner Zeit zu spüren. Auch der Dichter des Heliand, dessen Werk noch vor der Mitte des 9. Jahrh., jedenfalls nicht vor 821 verfaßt ist,⁴) erscheint von ihm abhängig, ja auch er hat vielleicht — Hauck hält das nicht für unmöglich — in Fulda unter Raban seine Bildung empfangen.⁵) Jedenfalls benutzte der Dichter für Matthäus, wie jetzt allgemein zu=gegeben wird,⁶) den soeben erschienenen Kommentar des Raban. Rabans Kommentare waren ja, wie wir schon an anderer Stelle gesehen haben, in den meisten deutschen Klosterschulen bekannt. Ob deshalb der Heliand nach gewöhnlicher Annahme in Werden a. d. Ruhr (Heyne) oder nach anderen Hypothesen in Corvey (Kauffmann) oder Utrecht (Jellinghaus) entstanden ist. Die Abhängigkeit des Dichters von Raban wird da=durch nicht in Frage gestellt; auch Jostes, der die Heimat des Heliand im Kloster Welnao, einem Münsterdorf in Holstein vermutet, gesteht unumwunden ein: „die Theologie unseres Gedichtes ist die der Fuldaer Schule."⁷) — Dasselbe Urteil gilt für die altsächsische Genesisdichtung, da wir in ihr nur ein späteres, vielleicht das letzte Werk des Heliand=dichters vor uns haben.⁸) Daß Ezzos „Leich von den Wundern Christi" Hrabans „De laud. s. crucis" zur eigentlichen Quelle hat, ist oben

---

¹) Neugart, Episcop. Constantiensis Alemannicus. I, 539.
²) „Sarcinam tantitamque diuturni laboris" nennt er das Studium des Deutschen. Desdevides du Dezort, Lettres de Servat Loup. Paris 1888, p. 62.
³) Ad Marcwardum. ep. 91. Desdev. du Desd. l. c. p. 98.
⁴) Middendorf, Ueber die Zeit der Abfassung des Heliand 1862.
⁵) Hauck, Kirchengesch. Deutschlands 1890. II, 705.
⁶) Windisch, Der Heliand und seine Quellen 1868. S. 82 f.
Scherer, Kleine Schriften hrgb. von Burdach 1893. S. 191 ff.
Sievers, Zeitschr. für deutsch. Altertum XIX, 1—39.
Kögel, Grdr. der germ. Phil. 1893. II a, 205.
Stelle, Gesch. der deutsch. Litteratur 1892. I, 117.
⁷) Jostes, Der Dichter des Heliand. Zeitschr. für deutsch. Altertum 1896. N. F. XXVIII, 362.
⁸) Kögel, Die altsächsische Genesis. Straßb. 1895. S. 21, 23 f. (Ergänzungsbd. zu Bd. I I seiner Gesch. der deutschen Litteratur 1894.)

schon angeführt worden. Auch im „Muspilli" hat man Spuren von Rabans Eigentum entdeckt.¹)

Rabans Verdienste um die Entwicklung der deutschen Litteratur, um die Schätzung der deutschen Sprache und ihre Erhebung zur Schriftsprache können für die damalige Zeit nicht hoch genug angeschlagen werden. Es ist sicher nach dem bisher Ausgeführten nicht zuviel gesagt, daß die wichtigsten Denkmale der althochdeutschen Sprache des 9. Jahrh. und der nächsten Jahrzehnte einen Strahl ihres jugendlichen Glanzes in die Klosterfenster zu Fulda zurückwerfen. Fulda strahlte überhaupt geistiges Leben nach allen Seiten hin aus. Rabans Schüler trugen die Fuldaer Bildung und den Fuldaer Geist in die heimatlichen Gaue, sie verpflanzten ihn in die meisten Kloster- und Stiftsschulen der damaligen Zeit. Ueberall macht sich bald der Bildungseinfluß Rabans bemerkbar.

Verweilen wir zunächst noch bei Fulda. Noch zwei Jahrhunderte hindurch nach Rabans Tode behielt das Kloster einen wichtigen Einfluß auf die Entwicklung der deutschen Bildung.

Auch in der zweiten Hälfte des 9. Jahrh. büßte es sein Ansehen als berühmte Pflanzstätte gelehrter Bildung diesseit des Rheines nicht ein. Daß der Glanz der Schule nicht verblich, dafür sorgte der Nachfolger Rabans in der Leitung der Klosterschule, sein trefflicher Schüler Rudolf. Von ihm heißt es „apud totius pene Germaniae partes doctor egregius et insignis floruit."²) Auch Fuldas Aebte ließen den Geist ihres großen Vorgängers nicht so bald aus dem Kloster verschwinden. Dafür bürgt uns der Name eines Hatto (Bonosus), der „den ersten Platz im Herzen und unter den Freunden" Rabans eingenommen hatte,³) und diesem im Jahre 842 in der Abtswürde folgte.⁴) Aber auch einen Sigihard, der von 869—891 Fuldaer Abt war, weiß der Chronist des Klosters nicht besser zu rühmen als mit den charakteristischen Worten „laudabiliter Hrabanice gubernavit."⁵) Rudolf, der auf Rabans Anregung die vita S. Leobae schrieb,⁶) von dem auch die sogenannte vita Rabani herrührt,⁷) gibt ganz besonders in den Annales Fuldenses (839—863) einen Beweis für die Blüte und erfolgreiche Pflege der klassischen Studien in Fulda.⁸) Auch nach Rudolfs

---

¹) Kelle, Gesch. der deutsch. Litteratur 1892. I, 146.
²) Mon. Germ. SS. I. 378.
³) „Qui in animo meo primatum tenes et in amicis summam". Hrab. epist. ad Hattonem bei Kunstmann, Magn. Hrab. Maurus. 1841. S. 169.
⁴) Catalogus abbat. Fuld. Mon. Germ. SS. XIII, 273.
⁵) Catalogus abbat. Fuld. l. c.
⁶) Mon. Germ. SS. XV, 118 sqq.
⁷) Von Waitz unter dem Titel „Miracula sanctorum in Fuldenses ecclesias translatonem", der dem Inhalt auch allein entspricht, neu ediert in den Mon. Germ. SS. XV, 328—341.
⁸) Ebert, Gesch. der Litteratur des Mittelalters 1880. II, 369.

Tode (865) blieb Fulda eine Stätte literarischer Regsamkeit. Sein Schüler Meginharb, nach seinem eigenen Zeugnis Lehrer an der Klosterschule,[1]) setzte die von seinem Lehrmeister begonnene Translatio S. Alexandri fort.[2]) Ohne Zweifel ist Fulda bald nach Rabans Tode von Reichenau, wo der bedeutendste Schüler Rabans, Walahfrid Strabus wirkte, überflügelt worden, aber nichts wäre so verkehrt als anzunehmen, in der Schule Rabans hätte bald „mittelalterliche Stille" geherrscht. Fulda blieb auch im 10. und 11. Jahrhundert eine der bedeutendsten Lehranstalten Deutschlands. Unwiderleglichen Beweis hiefür liefern die zahlreichen Lehrer- und Schülernamen, denen wir in den Totenannalen des Klosters begegnen.[3]) Ein freilich nur annähernd zutreffendes Bild von dem Stand des Schulwesens im Kloster vermögen wir aus folgenden Ziffern zu gewinnen. Vom Jahre 900—950 starben 17 scol., vom Jahre 951—1000 beträgt die Zahl 13, für die erste Hälfte des 11. Jahrh. 10. Die Pflege der Kunst, die unter Abt Hadamar einen neuen Aufschwung genommen hatte wurde nicht vergessen. Im Jahre 977 wie 983 wird der Tod eines „pictor" erwähnt, 995 stirbt „Erlwin artifex."[4])

Die Bedeutung Fuldas im 10. und 11. Jahrh. wird aber besonders augenfällig, wenn wir unsern Blick auf die durch Wissen und Rang hervorragenden Männer lenken, die damals hier ihre Bildung empfingen.

Ein Schüler Fuldas nach dem andern wird auf den erzbischöflichen Stuhl von Mainz berufen und damit an die Spitze des deutschen Episcopats gestellt. Dem Erzbischof Sunderold (889—891), „qui in Vulda monasterio sub regimine abbatis ab ineunte aetate nutritus et conversatus fuerat",[5]) folgte der bedeutendere Hatto, wiederum

---

[1]) Caspari, Kirchenhistor. Anecd. 1883. S. 251.
[2]) Mon. Germ. SS. II, 673—681.
[3]) Annal. necrolog. Fuld. Mon. Germ. SS. XIII, 188 sqq. Schwierigkeit bietet die Frage, ob wir in den scholastici („scol.", „scolast.") Lehrer oder Schüler zu vermuten haben. Hauck meint das erstere, Dümmler korrigiert Hauck und entscheidet sich für das letztere. (Hauck, Kirchengesch. Deutschl. 1890. II, 564. Dümmler, Hrabanstudien. Sitzungsbericht der Akad. der Wissensch. zu Berlin 1898. III, 32.) Jedenfalls kann scholasticus nach dem damaligen Sprachgebrauch sowohl Lehrer als Schüler bedeuten. (Specht, Gesch. des Unterrichtsw. 1885. S. 181 f, 184, 251 f u. a. Forcellini, Lexicon totius Latinitatis V, 373. Du Cange, Glossarium med. et inf. lat. VI, 112). Wir werden hier auch wahrscheinlich sowohl Lehrer als Schüler vor uns haben. Vielleicht ist der von Hauck a. a. O. S. 564 genannte Eribo scol. subd. († 885) wie die später erwähnten Starcfrid subd. et scolast. († 906 annal. necrol. Fuld. l. c. p. 189), Ruodolf diac. et scol. († 983 ann. necrol. Fuld. l. c. p. 205) und Hatto subd. et scol. († 988 ann. necrol. Fuld. l. c. p. 206) als Lehrer anzusehen. Wie steht es aber mit den so vielfach erwähnten „pueri" „pueruli" (annal. necrol. Fuld. l. c. p. 206, 207, 209 sq.). Sind darunter Schüler der Knabenschule zu verstehen oder nicht?

[4]) Annal necrol. Fuld. mon. Germ. SS. XIII, 204, 205, 207.
[5]) Regin. chron. Mon. Germ. SS. I, 601.

ein Schüler Fuldas.¹) Vom Jahre 891—913 war er Erzbischof und spielte als solcher eine hervorragende politische Rolle. So trat er nach der Wahl Ludwig des Kindes zum Könige (900) an die Spitze einer vormundschaftlichen Regierung.²) Hilbibert, welcher als „literarum studiis satis clarus" gepriesen wird und im Jahre 927 den erz= bischöflichen Stuhl bestieg, verdankt der Fuldaer Klosterschule gleichfalls seine gelehrte Bildung.³) Auch Hatto II. bekleidete nach der Würde des Abtes von Fulda die des Metropoliten Deutschlands (968—970).⁴) Daß in der zweiten Hälfte des 10 Jahrh. in Fulda ein guter Unter= richt erteilt wurde, sehen wir an Erkenbald, dem Erzbischof von Mainz (1011—1020), der in Fulda erst Mönch, dann Abt gewesen war.⁵) Seine Neigung zu literarischer Tätigkeit — in einem Bücherkataloge des Embrico von Augsburg (1064—1077) finden wir „sermones Erchanbaldi archiepiscopi" aufgeführt⁶) war ihm in Fulda einge= pflanzt. Er hat sich auch nicht geringe Verdienste um die Hebung der Fuldaer Klosterschule erworben,⁷) die unter seinem Regiment als Abt ein reges Leben entfaltete. Bardo, der auch später im Jahre 1031 den erzbischöflichen Stuhl von Mainz bestieg, wurde als Knabe, nach= dem er sich das Anfangswissen der damaligen Zeit angeeignet hatte, der Fuldaer Schule unter Erkenwald übergeben.⁸) Eine ungewöhnliche Schulbildung hatte sich Sigefried, vom Jahre 1059—1084 Erzbischof von Mainz, in Fulda angeeignet, wo er zuerst die Klosterschule be= suchte und später Abt war.⁹) Seine im Codex Udalrici erhaltenen Briefe¹⁰) verraten eine ganz außerordentliche stilistische Gewandheit.¹¹)

Aber nicht nur die bedeutendsten kirchlichen Würdenträger gingen aus Fulda hervor, auch für Laien aus den vornehmsten Ständen war die Klosterschule eine viel aufgesuchte Bildungsstätte. Ihr verdankte der Pfalzgraf Friedrich von Sachsen († 1088) seine Schulbildung: ferunt etiam, quia litterarum scientia adeo in curia Vuldense

---

¹) „Fuldensis et ille monachus" Ekkehardi casus St. Galli. Mon. Germ. SS. II, 83.
²) „Hatto, ... qui tempore Ludewici adolescentis super im= perio Francorum acri cura vigilabat, multas discordias in regno recon= ciliabat". Mon. Germ. SS. III, 428.
³) „Franco genere, monachus professione, nutritus vel doctus in Vuldo monasterio." Mon. Germ. SS. III, 437.
⁴) Mar. Scotti chron. Mon. Germ. SS. V, 554.
⁵) Böhmer=Will, Regesten zur Gesch. der Mainzer Erzbischöfe. I. p. XLIII.
⁶) Steichele, Archiv für die Gesch. des Bist. Augsburg I, 14.
⁷) Wattenbach, Teutschlands Geschichtsquellen. 6 Aufl. 1894. II, 111.
⁸) „Non multo post cum didicisset psalterium a parentibus Ful= dam deportatus est, ibique sub Herchanbaldo abbate scholaribus aliis appositus" Vit. S. Bardonis. Jaffé. Biblioth. rer. Germ. III, 530.
⁹) Mon. Germ. SS. V, 161.
¹⁰) Nähere Angaben, bei Specht, Gesch. des Unterrichtswesens 1885. S. 332.
¹¹) Wattenbach, Teutschlands Geschichtsquellen. 6 Aufl. 1894. II, 114.

instructus fuerit, ut epistolas transmissas per se legeret et intelligeret et capellanos in divino officio errantes corrigeret."[1]) Auch der Herzog Boleslaus wurde hier unterrichtet.[2])

Raban hatte somit in Fulda die Basis zu einer umfassenden Weiterentwicklung gelegt. Besonders stark machte sich naturgemäß Fuldas Einfluß in Hessen geltend.

In den zahlreichen Propsteien, die Fulda hier besaß, wurde durch Raban für den Schulunterricht aufs beste gesorgt. Ohne Zweifel schickte er überall dorthin Fuldaer Lehrer. Die Fulda benachbarte Zelle Bischofsberg hatte nach einem Verzeichnis, das wahrscheinlich aus dem 9. Jahrh. stammt, 23 Mönche und 16 Schüler, das Kloster Rasdorf zählte 32 Mönche und 20 Schüler, Hünfeld 33 Mönche und 13 Schüler.[3])

Vor allem scheint das benachbarte Hersfeld seine ersten Bildungsanfänge dem Fuldaer Kloster zu verdanken. Der mit Raban befreundete Abt Bun von Hersfeld rief Fuldaer Lehrer zur Organisation einer Klosterschule herbei. Zu diesen gehörte auch der Fuldaer Mönch Haymo, wie wir aus einer nur in einzelnen Fragmenten erhaltenen vita Haymonis ersehen können.[4]) Auch unter Abt Brunward, der in einem regen Freundschaftsverhältnis zu Raban stand, lebten hier die Fuldaer Traditionen fort.[5]) Und als Hersfeld im 11. Jahrh. wegen seiner vorzüglichen Schulen einen guten Namen unter den deutschen Klöstern hatte, standen wiederum Schüler Fuldas wie Bardo und Gerold als Aebte an der Spitze des Klosters.[6])

Wir wenden uns nach Schwaben. — Hier treten die Bande der Verwandtschaft stark hervor, die Rabans Anstalt mit den Schulen von Reichenau und St. Gallen verknüpfen. Beide Schulen sind bekannt als weithin berühmte Stätten der Gelehrsamkeit und Geistesbildung in der ersten Hälfte des Mittelalters.

In Reichenau wirkte der bedeutendste unter den Schülern Rabans und reformierte die Anstalt nach dem Vorbilde Fuldas: Walahfrid Strabus.[7]) Trotzdem er in dem schwäbischen Kloster schon durch tüchtige Lehrer wie Wettin,[8]) Grimald[9]) und Tatto[10]) eine hinreichende Bildung

---

[1]) Chron. Gozec. I, 19. Mon. Germ. SS. X, 148.
[2]) Schannat, Hist. Fuld. p. 58.
[3]) Dronke, Traditiones Fuldenses 183, 11—13.
[4]) Archiv der Gesellsch. für ältere deutsche Geschichtskunde hrgb. von Pertz XI, 285.
[5]) „Ad Brunw. Mon. Germ. poet. lat. II, 184 vgl. auch Dümmler in den Forsch. zur deutsch. Gesch. V, 392.
[6]) Annal. Hildesheim. Mon. Germ. SS. III, 98.
[7]) Ad Maurum Hr. b., abbat. Fuld., magistrum suum." Walahfr. carm. Mon Germ. poet. lat. II, 588. IX. Ueber die litterarhistorische Bedeutung Walahfrids vgl. Ebert, Gesch. der Literatur des Mittelalters 1880. II, 149 ff.
[8]) Walahfr. vis. Wettini. Mon. Germ. poet. lat. II, 309) v. 178.
[9]) Walahfr. carm. Mon. Germ. poet. lat. II, 360.
[10]) Ermenrici epist. ad Grimoldum arch. ed. Dümmler. Halle 1873. S. 34.

empfangen hatte, war er doch noch bei dem berühmtesten Lehrmeister Deutschlands vom Jahre 827—830 in die Schule gegangen.[1]) Von Fulda nach Reichenau zurückgekehrt übernahm er sofort die Leitung der Schule und wurde im Jahre 838 auch Abt des Klosters.[2]) Unter seiner Leitung erreichte die nach Fuldaer Muster eingerichtete Klosterschule ihren höchsten Glanzpunkt.

Bald wurde Walahfrid selbst das Haupt einer neuen Schule.[3]) Weit über die Grenzen Alemanniens und Deutschlands hinaus drang der Ruf der Reichenauer Bildungsanstalt, an welcher nicht nur die theologischen, sondern auch die profanen Studien in höchster Blüte standen.[4]) Auch unter Hatto, der vielleicht noch Schüler Rabans war, sicherlich aber bei Rudolf seine Studien gemacht hatte,[5]) war das Kloster ein Sammelplatz für viele lernbegierige Jünglinge Deutschlands.[6]) Im 10. Jahrhundert „blühte der Schulunterricht von allen Gauen Deutschlands am meisten im Reichenauer Kloster."[7]) Im 11. Jahrh. ging aus demselben ein Gelehrter hervor, dessen universelles Wissen die Bewunderung der ganzen Welt erregte, Hermann der Lahme.[8]) Von ihm hatte wieder Benno, der als gefeierter Lehrer an der Schule zu Speier und am Hildesheimer Hochstift wirkte, in Reichenau seine Bildung empfangen.[9])

Die wissenschaftlichen Anregungen Rabans und seine Unterrichtsgrundsätze wurden auch nach St. Gallen verpflanzt. Hier stand die Schule unter Abt Grimald noch in ihren ersten Anfängen. Zuerst mußten die eigenen Lehrer gebildet werden; ohne Zweifel geschah dies in Fulda.[10]) Abt Grimald, den Raban in einem uns erhaltenen Gedicht mit herzlichen Worten als seinen Freund begrüßt,[11]) schickte zwei St.

---

[1]) Ebert, Berichte der k. sächs. Gesellsch. der Wissensch. phil.-hist. Kl. 1878. II, 102.

[2]) Annal. Aug. Mon. Germ. SS. I, 68.

[3]) Raban rühmt dem früh dahingeschiedenen Schüler selbst nach „Discipulis pastor, plebis et almus amor
Nam docuit multos . . . ."
Mon. Germ. poet lat. II, 239.

[4]) Specht, Gesch. des Unterrichtsw. 1885. S. 310.

[5]) „Fuldensis et ille monachus". Ekkehardi casus St. Galli. Mon. Germ. SS. II, 83.

[6]) „In Augia monasterio multorum pater exstiterat monachorum". Regin. chron. Mon. Germ. SS. I, 603.

[7]) „Ubi tunc in Germaniae partibus maxime pollebat scolare studium, patre ducente bithalassum adiit, id est Augense coenobium." Othloni vit. S. Wolfgangi Mon. Germ. SS. IV, 528.

[8]) Specht, Gesch. des Unterrichtsw. 1885. S. 312.

[9]) Norberti vit S. Bennonis Mon. Germ. SS. XII, 62.

[10]) G. Meier, Gesch. der Schule von St. Gallen im Mittelalter. Jahrb. f. schweiz. Gesch. 1885. X, 46.

[11]) „Dulcissimo fratri ac reverentissimo abbati Grimoldo": „Qui mihi te notum dedit et concessit amicum." . . . .
Mon. germ. poet. lat. II, 170.

Galler Mönche Hartmut und Werinbert nach Fulda, die hier zusammen mit Otfrid Rabans Unterricht empfingen. Wir verweisen dafür auf das an seine beiden Mitschüler gerichtete Widmungsgedicht Otfrids in seinem Evangelienbuch

„Krist halte Hartmuatan
„Joh Werinbrahtan guatan
„Mit in si ouh mir gemeini
„Thiu ewiniga heili."[1])

Hartmut hatte die Abtei schon längere Zeit in Vertretung Grimolds, des Erzkapellans Ludwigs geleitet, als er im Jahre 872 zum Abt derselben ernannt wurde.[2]) Der Schüler Rabans und der Studiengenosse Otfrids ist auch als der eigentliche Begründer der St. Galler Klosterschule anzusehen.[3]) Ganz deutlich traten auch anderweitig in dieser Zeit des ersten geistigen Aufstrebens im Kloster des hl. Gallus die verbindenden Fäden mit Fulda hervor. Es waren Fuldaer Schüler Walahfrid und Ermenrich, die den St. Gallern auf ihr Bitten ihre wissenschaftliche Befähigung für litterarische Arbeiten liehen.[4]) Es würde zu weit führen, der folgenreichen Entwicklung der Schule von St. Gallen nachzugehen, die Fulda bald überholte und sich in kurzer Zeit auch mit der anderen berühmten Pflegestätte Fuldaer Bildung, Reichenau, messen konnte.[5]) Der Hinweis, daß auch hier Schüler Rabans in erster Reihe mitgearbeitet haben, um das Fundament zum weiteren Aufbau zu legen, genügt für unsere Aufgabe. Vor allem mag daran erinnert sein, daß seit Rabanus Maurus St. Gallen unter den deutschen Klöstern die Hauptpflegestätte der deutschen Sprache und Poesie war.

Dieselbe Beobachtung wie bei St. Gallen machen wir bei Konstanz. Auch hier sind die Anfänge gelehrten Unterrichts an das Wirken von Männern geknüpft, die sich unter Raban ihre geistige Bildung geholt haben. Sowohl Salomo I., von 847—861 Bischof von Konstanz wie sein späterer Nachfolger Salomo II. (875—889) sind Zöglinge Fuldas.[6]) Salomo I. wirkte unter Raban auch noch als Lehrer an der Fuldaer Klosterschule und hat als solcher auch Otfrid Unterricht erteilt.[7]) Rabans Werke waren in Konstanz wohl bekannt. Bernold von Konstanz, von dem — wie dies Suitbert Bäumer bewiesen hat — der „micro-

---

[1]) Graff, Otfrids Krist. Königsb. 1831. S. 16.
[2]) Annal. Sangall. mai. Mon. Germ. SS. I, 77.
[3]) Kelle, Gesch. d. deutsch. Litteratur 1892. I, 162.
[4]) Dümmler, St. Gallische Denkmäler. Mitteil. der antiq. Gesellsch. in Zürich. XII, 210, 251.
[5]) Wir verweisen hier auf Gabr. Meier, Gesch. der Schulen von St. Gallen im Mittelalter. Jahrb. für schweizer. Geschichte 1855 X.
[6]) Böhmer-Will, Regesten zur Gesch. der Mainzer Erzbischöfe. 1877. I, q. XXVIII.
[7]) Das Formelbuch des Bischofs Salomo III. von Konstanz hrgb von Dümmler 1857. S. 138. Vgl. auch Kögel, Gesch. der deutsch. Litteratur 1897. I. 2, 5.

logus de ecclesiasticis observationibus" herrührt, ist von Raban durchaus abhängig.¹) —

Unter den Domschulen am Rheine hat naturgemäß Mainz in erster Linie unter dem unmittelbaren Einfluß Rabans gestanden. Noch von Fulda aus hatte er dem damaligen Erzbischof Haistolf (813—825) auf dessen Wunsch sein Handbuch „De clericorum institutione" zum Gebrauch für den Unterricht zugesandt.²) Der Presbyter Probus, ein Schüler Rabans, war hier als Lehrer thätig. Daß er in Fulda herangebildet worden war, ist zu ersehen aus einem Briefe des Servatus Lupus an Altwin: „non scripsisti, quid Probus noster exerceat, scilicet utrum in saltu Germaniae³) disciplinas liberales, ut serio dicere solitus erat, ordine currat etc."⁴) Für diese Annahme spricht auch seine Liebe zu den Klassikern wie Cicero und Virgil, die er sogar unter die durch Christus Erlösten rechnen zu sollen glaubte,⁵) wie der Umstand, daß wir nur von Fuldaer Zöglingen und zwar außer Lupus noch von Rudolf⁶) und Walahfrid⁷) in begeisterten Worten von ihm reden hören. Ein anderer Schüler Rabans, der an der Mainzer Domschule die Kleriker unterrichtete, war Thiotmar.⁸) Raban mahnt ihn als Erzbischof unter Uebersendung eines Werkes zu eifriger Verwaltung seines Lehrberufes „illis, qui ad sacerdotium ordinati sunt et ministerium sacerdotale agere debent, notum facias et eis persuadeas, imo iubeas, ut diligenter discant, quod in hoc opusculo conscriptum est."⁹) Mit ähnlichen Worten spornt er Reginbald, der ebenfalls in der kirchlichen Metropole Deutschlands als Lehrer thätig war, zu treuer Arbeit an „necesse est, ut eos, quos ad divinum officium promovere concupiscis, diligenter doceas, ut sciant, qualiter divini verbi ministri fieri debeant."¹⁰) — An anderer Stelle haben uns schon die Spuren der Nachwirkung Rabans bis nach Speier und Hildesheim geführt, ihm selbst sind wir in Klingenmünster begegnet, in Trier finden wir seine Bücher im Gebrauch.¹¹) Sein Neffe

---

¹) Neues Arch. d. Gesellsch. f. ält. deutsche Geschichtsk. 1893. VIII, 433 ff.
²) De cleric. inst. ad Haist. archiep. Mon. Germ. poet. lat. II, 163 cf. De cleric. inst. praef. Migne, patrol. lat. CVII, 296.
³) Mit diesem Ausdruck kann wohl kein anderes deutsches Kloster als Fulda gemeint sein — „locus situs in saltu magno". Rud. mir. sanct. Fuld. Migne, patrol. lat. CVII, 42.
⁴) Desdevises du Dezert. Lettres de Servat Loup. ep. 7. Paris 1888. p. 67.
⁵) Specht, Gesch. des Unterrichtsw. 1885. S. 53.
⁶) „Quam prudens, humilis, patiens castusque fuisset Littera vel lingua nulla referre potest". Mon. Germ. SS. I, 373.
⁷) Ad Probum Walahfr. carm. mon. Germ. poet. lat. II, 394.
⁸) „Quidam presbyter ex monachis nostris (sc. Fuld.) nomine Theotmar." . . . . Rud. mir. sanct. Fuld. Migne patrol. lat. CVII, 47.
⁹) Ad Thiotmarum. Migne, patrol. lat. CXII, 1170.
¹⁰) Ad Reginb. Migne, patrol. lat. CXII, 1192.
¹¹) Becker, Catalogi biblioth. antiqui. 1885 S. 180.

Gundram, der sich in Fulda eine ausgezeichnete Bildung angeeignet hatte,[1]) stand an der Spitze des Klosters Solnhofen in der Eichstätter Diöcese.[2]) In Worms bekleidete Samuel, sein Gehilfe im Lehramt an der Fuldaer Schule, den Bischofsstuhl (841—856).[3]) Auch an diesen Stätten fand Raban für sein auf möglichst weite Verbreitung geistiger Bildung gerichtetes Streben einen willigen Helfer, denn das Band treuer Freundschaft, das ihn früher mit seinem Amtsgenossen zusammenhielt, erscheint durch die Trennung nicht gelockert.[4]) In Kloster Hirschau haben wir den umfassenden litterarischen Einfluß Rabans an anderer Stelle nachgewiesen. Die Angabe Trithems, daß dies Kloster seine ersten Mönche, fünfzehn an der Zahl — unter ihnen einen Hibulf und Ruthard — wie auch seinen ersten Abt Lintbert von Fulda her bezogen hätte,[5]) ist sonst nicht erweisbar und höchst unwahrscheinlich.[6]) Dagegen wissen wir nach dem Zeugnisse eines aus dem 10. Jahrh. stammenden Gedichtes, daß in Weißenburg Otfrid, der bekannte Schüler Rabans, mit der Leitung der dortigen Klosterschule betraut wurde.[7]) Er scheint nach der Sitte der damaligen Zeit nach Fulda geschickt zu sein, damit er nach dem Muster der dortigen Anstalt auch im heimatlichen Kloster eine Schule errichte.

Auch in Utrecht, der Werkstatt, wo ein großer Teil der Lehrer für das Sachsenvolk ausgebildet wurde,[8]) fanden die Ideen Rabans fruchtbaren Boden. Der Bischof Friedrich von Utrecht stand mit dem Fuldaer Scholarchen in freundschaftlichem und gelehrtem Verkehr.[9]) Rabans Bücher fanden hier den Eingang in den Unterricht. Er schickte Friedrich auf dessen Wunsch seinen Matthäuskommentar zum Abschreiben und widmete ihm dann seinen aus drei Büchern bestehenden Kommentar zum Buche Josua.[10]) — Die Einwirkung Rabans auf die sächsischen Klöster ist mehr als eine mittelbare zu bezeichnen. Corvey, die damals hervorragendste Bildungsstätte im nördlichen Deutschland, scheint einen von Fulda unabhängigen Entwicklungsgang genommen zu haben. Daß Raban Altfrid, den späteren Bischof von Hildesheim, nach Corvey als Lehrer entsandt habe, gehört zu den erdichteten Zügen, mit denen die

---

[1]) „Urbanitate ac munimento divinorum eloquiorum comptus nec non et in coturno sublimis." Ermenric. ep. ad. Gundr. Mon. Germ. SS. XV, 153 cf. p. 161.
[2]) Mon. Germ. SS. XV, 154.
[3]) Annal. Xant. ad a. 875. Mon. Germ. SS. II, 234.
[4]) Ad Samuelem. Mon. Germ. poet. lat. II, 190. XXIX.
[5]) Rabani Mauri vita auct. Trithemio. Migne, patrol. lat. CVII, 80. Leider werden nicht nur diese, sondern auch manche andere falsche Angaben Trithems in fast sämtlichen bisher erschienenen Sonderaufsätzen und Abhandlungen über Raban wie die von Buddäus, Schwartz, Bach, Kunstmann, Dahl, Colombel, E. Köhler, K. F. Köhler citiert.
[7]) Dümmler in der Zeitschrift für deutsches Altertum XIX, 117 f.
[8]) Wattenbach, Deutschlands Geschichtsquellen. 6 Aufl. 1893. I, 244.
[9]) Ad Friduricum episc. Mon. Germ. poet. lat. II, 181.
[10]) Ad Fridur. Migne, patrol. lat. CVIII, 1000.

reiche historische Phantasie des Spanheimer Abtes sich das Bild seines „unicus totius eruditionis princeps Rabanus" ausschmückt.¹) Dagegen stand Raban mit Simon, der im Jahre 1840 Bischof von Osnabrück wurde, in brieflichem Verkehre, wie das erhaltene Fragmente erzeugen.²)

Vor allem ist aber die Domschule in Halberstadt eine Gründung, die direkt unter Rabans Auspicien erfolgte. Der Fuldaer Mönch Haymo, der die Fuldaer Organisation und Lehrmethode schon nach Hersfeld verpflanzt hatte, hat sich, nachdem er im Jahre 840 von König Ludwig dem Deutschen zum Bischof von Halberstadt ernannt war (840—853),³) durch die Oberleitung der dortigen Kathedralschule ein nicht geringes Verdienst um die Hebung des Schulwesens im nördlichen Deutschland erworben.⁴) Raban bot seinem in einem erst halbwegs christianisierten Gebiete wirkenden Freunde hilfreiche Hand, um hier der Bildung eine Stätte zu bereiten. Für ihn vollendete er in möglichst kurzer Zeit sein Riesenwerk, die Encyclopädie „de universo", die dem Haymo für den Unterricht eine Sammlung alles Wissensnotwendigen und Wissenswerten darbot, und so eine ganze ihm in Halberstadt fehlende Bibliothek ersetzte.⁵) Der Einfluß, den Halberstadt wieder durch seine Schüler ausübte, ist kein geringer. Daniel möchte die Schule zu Paderborn als einen Ableger von Fulda betrachten, er erkennt dem Bischof Meinwerc von Paderborn unbedenklich den Titel eines Nachfolgers Rabans im 11. Jahrh. zu, weil er ein Zögling der Halberstädter Schule war.⁶) Daß Paderborn einer solchen Abkunft würdig war, kann mit Recht behauptet werden, denn die Geschichtsquelle berichtet „in Patherbrunnensi ecclesia publica floruerunt studia, quando ibi musici fuerunt et dialectici, enituerunt rhetorici clarique grammatici, quando magistri artium exercebant trivium, quibus omne studium erat circa quadrivium."⁷)

Richten wir unseren Blick auf die lothringischen Schulen, so steht hier die Lütticher Schule im Vordergrunde. Männer, die hier ihre Bildung erlangt hatten, wurden im 11. Jahrhundert vielfach als Lehrer an die Kloster- und Stiftsschulen Deutschlands berufen, ebenso finden

---

¹) Rabani Mauri vita auctore Trithemio. Migne, patrol. lat. CVII, 81. 83.

²) Kunstmann, Hrabanus Magn. Maurus 1841 S. 75.

³) Annalista Saxo. Mon. Germ. SS. VI, 575.

⁴) Bursian, Gesch. der klassischen Philologie in Deutschland. 1883. I, 24.

⁵) „Quo haberes ob commemorationem in paucis breviter ad notatum, quod ante in multorum codicum amplitudine et facunda oratorum locutione disertum copiose legisti . . . . . . tu autem acceptis his, quae tibi transmisi, utere eis ut decet et tam tibi quam illis, qui sub tuo regimine sunt constituti, utile esse permitte." Praefat alt. ad Haymonem. Migne, patrol. lat. CXI, 12 sq.

⁶) Daniel, Klassische Studien in der christl. Gesellschaft. Uebers. von Gaisser. Freiburg. 1855. S. 83 f.

⁷) Vita Meinwerci. Mon. Germ. SS. XI, 140.

wir solche zu dieser Zeit in hohen kirchlichen Stellungen.¹) Auch Lüttich wäre ohne Raban nicht das, was es so geworden ist. Freculph, der ungefähr um das Jahr 822 auf den Bischofsstuhl erhoben wurde, fand in Lüttich eine große Unwissenheit vor. Bekanntlich stand ihm hier nicht einmal eine Bibel zur Verfügung. Er wandte sich an den ihm vielleicht von Tours her befreundeten Raban.²) Durch ihn erhielt er die ersten litterarischen Hilfsmittel mit einem Begleitschreiben des Fuldaer Abtes, in welchem derselbe ihm zuruft, er solle das Amt eines Lehrers thatkräftig führen „lege ergo veterum libros doctorisque sicut tibi iniunctum est, ministerium strenue perage."³) Zum Zeugnis für den regen Verkehr, welcher um die Mitte des 9. Jahrh. zwischen Fulda und Lüttich bestand, teilt uns Dümmler ein ungedrucktes Gedicht des Jren Sedulius mit, das an Abt Hatto, Rabans Nachfolger, gerichtet ist.⁴)

Es erübrigt uns noch, auseinander zu setzen, inwiefern auch in den bayerischen Klöstern Bildungseinflüsse Rabans nachweisbar sind. Ermenrich, der als „einer der bedeutendsten Vertreter der Schulgelehrsamkeit seiner Zeit⁵) in Bayern wirkte, war ein Schüler Rabans⁶) und Rudolfs.⁷) In einer unzuverlässigen Quelle erscheint er als Abt von Ellwangen.⁸) Vom Jahre 865—874 bekleidete er die Würde eines Bischofs von Passau.⁹) Sicherlich standen hier die Schulen in hoher Blüte, und die Fuldaer Traditionen wurden von dem Schüler Rabans eifrig gepflegt. Ermenrich, der schon seine erste litterarische Arbeit, die vita S. Sualonis seinem Lehrer Rudolf zur Durchsicht gesandt hatte,¹⁰) ist, wie Wattenbach vermutet, vielleicht auch der Verfasser eines Schulbuches mit ausgeprägtem Fuldaer Charakter, welches, in einer Tegernseer Handschrift erhalten, vorzüglich aus Rabans Schriften geschöpft ist.¹¹) Auch in Augsburg kannte man die Schriften Rabans.¹²) Im Würzburger Sprengel besaß Fulda das Kloster Holzkirchen, welches von Fulda aus mit Lehrern besetzt wurde und zu Rabans Zeit 52

---

¹) Specht, Gesch. des Unterrichtswesens. 1885. S. 337.
²) Freculphus episc. Mauro. Migno, patrol. lat. CVII, 439.
³) Dümmler in den Forschungen zur deutschen Geschichte. V, 394 f.
⁴) Rabanus Freculpho. Migno, patrol. lat. CVII, 442.
⁵) Specht, Gesch. des Unterrichtswesens 1885. S. 391.
⁶) Ermenric. vit. Solao c. 6. Mon. Germ. SS. XV, 152.
⁷) „Omni in arte celeberrimo Rudolfo didascalo salutem. Ex quo, pater sanctissime, bonitatem et doctrinam tuam aliquantulum praelibavi iuniore tempore" . . . epist. Ermenric. ad Rud. Mon. Germ. SS. XV, 155.
⁸) Siehe Näheres darüber bei Giefel, Die Ellwanger und Neresheimer Geschichtsquellen. Württemb. Vierteljahrsschr. f. Landesgesch. 1888. XI, 5.
⁹) Series episc. Pataviens. Mon. Germ. SS. XIII, 362. Necrolog. Aug. Mon. Germ. necrol. I, 82.
¹⁰) Ermanric. sermo de vita S. Sualonis. Mon. Germ. SS. XV, 156.
¹¹) Wattenbach, Deutschlands Geschichtsquellen. 6. Aufl. 1893. I, 290.
¹²) Becker, Catalogi bibl. antiqui. 1885. S. 137.

Mönche und 18 Schüler hatte.¹) Humbert, der Bischof von Würzburg, war ein begeisterter Verehrer des Fuldaer Abtes. Er holte sich nicht nur bei ihm Rat in kirchlichen Fragen,²) er erbat sich auch von ihm litterarische Arbeiten, wie der ihm gewidmete Kommentar Rabans zu den Büchern der Richter und Ruth zeigt.³) — Zu den hervorragendsten Lehranstalten in Bayern gehörte die Klosterschule von St. Emmeram in Regensburg. Auch hier wirkte ein Zögling Fuldas,⁴) der an Jahren ältere Freund Rabans, Baturicus.⁵) Er entfaltete als Abtbischof (Bischof von Regensburg und zugleich Abt von St. Emmeram) vom Jahre 817—847 eine reich gesegnete Thätigkeit.⁶) Ganz im Geiste seines Mutterklosters Fulda war er vor allem bedacht auf den Fortschritt gelehrter Bildung innerhalb seines Sprengels.⁷) Eine ganze Anzahl von Handschriften, die auf seine Veranlassung geschrieben sind, befinden sich in der Münchner Hof= und Staatsbibliothek.⁸) Rabans Bücher scheinen in St. Emmeram mit Vorliebe bei dem Unterricht benutzt zu sein. Zwei Emmeramer Mönche Luganbert und Eranrich machten der Schule Schenkungen in Gestalt von Büchern Rabans⁹) — gewiß ein vollgültiger Beweis für die Pflege Fuldaer Gelehrsamkeit in dieser bedeutenden Bildungsstätte Bayerns. Wie vorzüglich die Ausbildung war, welche die aus der St. Emmeramer Schule hervorgehenden Geistlichen empfingen, kann man daraus ersehen, daß König Ludwig der Deutsche den Kleriker Gundpert von der Regensburger Kirche gegen einen anderen Kleriker für seine Kapelle einzutauschen wünschte, „quia utilior et maioris ingenii fuit scribendi nec non et legendi."¹⁰)

Durch Fulda waren auch hier die Vorbedingungen gegeben zu der aufstrebenden Entwickelung der Emmeramer Anstalt, die nach der Mitte des 10. Jahrhunderts den Höhepunkt ihres Glanzes erreichte.¹¹)

---

¹) Dronke, Traditiones Fuld'ens. S. 183.
²) Ebert, Gesch. der Literatur des Mittelalters. 1880. II, 137 Anm. 1.
³) Ad Hunbert. episc. Migne, patrol. lat. CVIII, 1109.
⁴) Epistolae Fuld., hrgb. von Dümmler. Forschungen zur deutschen Gesch. V, 375.
⁵) Ad Batur. episc. Mon. Germ. poet. lat. II, 173.
⁶) „Post hunc Baturicus tenuit pius optime sedem." Mon. Germ. poet. lat. II, 138. II v. 7.
⁷) Eberl, Studien zur Geschichte der Karolinger in Bayern. Programm. Straubing. 1891. S. 60. 63.
⁸) Dümmler, Gesch. des ostfränk. Reiches. 2. Aufl. 1887. II, 433.
⁹) Günthner, Gesch. d. literarischen Anstalten in Bayern. 1810. I, 140.
¹⁰) Pez, Thesaur. anecdot. I. 3. 199.
¹¹) Eine Geschichte ihrer Entwicklung giebt Specht, Gesch. des Unterrichtswesens. 1885. S. 380 f.

Wir stehen am Ende unserer Darstellung. — Es handelte sich für uns nicht darum, hier eine allseitige Würdigung der Persönlichkeit des Rabanus Maurus zu geben, wir haben unsern Blick vielmehr dem bedeutsamsten Teile seiner Wirksamkeit, der Krone seiner Leistungen zugewandt, seiner Thätigkeit als Lehrer und Lehrerbildner. Wir haben versucht, die Bedeutung des Karolinger Gelehrten auf diesem Gebiete im Zusammenhange mit seiner Zeit und aus seiner Zeit heraus zu beurteilen.

So unumwunden das zugestanden werden muß, daß man Rabans Wirken als Lehrer vielfach in überschwänglicher Weise gepriesen hat, indem man den vorhandenen Quellen ohne Kritik gegenüberstehend ein trügliches Bild idealer Verklärung und selbstgeschaffenen Glanzes zeichnete, so sicher ist es auch, daß man seine Bedeutung hier vielfach unterschätzt hat, weil man an das 9. Jahrhundert keinen andern Maßstab als den des 19. Jahrhunderts anlegen wollte. Wir stehen im 9. Jahrhundert in der Zeit der anhebenden christlich-europäischen Kultur, in der Jugendepoche, der „Schulzeit" der germanischen Völker.[1]) Wir haben es mit vielfach erst halb christianisierten deutschen Stämmen zu thun, unter denen das Erziehungs- und Bildungswesen noch keine festen Wurzeln gefaßt hatte. Gerade darin erscheint nun Raban vielleicht am meisten bewundernswert, daß er das für seine Zeit Erreichbare mit dem scharfen Blick eines erfahrenen Pädagogen erkannt und — erreicht hat. Seine Bedeutung besteht nicht darin, daß er seiner Zeit, die noch auf Empfangen angewiesen war, neue Bahnen geistigen Schaffens eröffnet hätte, oder wie Karl der Große mit dem genialen Gedanken einer allgemeinen Volksschulbildung weit vorausgeeilt wäre. Er war zufrieden, auf deutschem Boden geistiger Bildung überhaupt erst eine sichere Heimstätte zu gründen, die hier schlummernden Kräfte zum Leben zu erwecken und die ersten — wenn auch starren — Formen der Auswirkung für sie zu schaffen. Dies war sein Ziel; mit eiserner Energie und nie versagender Unermüdlichkeit hat er es verfolgt und erreicht.

Wie er es erreicht hat, das haben wir ausführlich gezeigt und damit im einzelnen nachzuweisen versucht, inwiefern Raban praeceptor Germaniae genannt werden kann.

Wir haben gesehen, wie seine Entwicklung ihn geradezu zum praeceptor Germaniae bestimmte, wie Tours, die Hochschule des Frankenreiches, den geistig außerordentlich veranlagten Knaben zu diesem seinem späteren Berufe vorbereitete, indem sie ihm eine universelle Bildung in sein heimatliches Kloster mitgab. Wir haben dann ausgeführt, wie er diese Bildung durch alle Hindernisse hindurch sich bewahrte, wie er sie nach Fulda verpflanzte und die Fuldaer Klosterschule durch seine Wirksamkeit bald zu der hervorragendsten schola publica in Deutschland erhob. Wir haben den außerordentlichen Einfluß verfolgt, den er auf die litterarische Bildung Deutschlands aus-

---

[1]) Paulsen, Geschichte des gelehrt. Unterrichts. 1885. S. 6.

übte. Wir haben seiner Sorge für die sittliche Hebung und geistliche Unterweisung des unwissenden Volkes gedacht und haben dann insbesondere auf seine Liebe zur deutschen Muttersprache und seine Verdienste um die Entwicklung derselben zur Schriftsprache hingewiesen. Die bedeutendsten Männer des 9. Jahrhunderts haben wir aus seiner Schule hervorgehen sehen, alle ausgezeichnet durch ihre Geistesbildung, die meisten durch ihren Rang und ihr Amt zur Leitung des Unterrichts berufen. Bei fast allen Unterrichtsanstalten, die in der Bildungsgeschichte der germanischen Stämme einen hervorragenden Platz einnehmen, konnten wir die verbindenden Fäden mit Fulda nachweisen.

Unsere ganze Darstellung hat zu zeigen versucht, daß Raban thatsächlich, wie Dümmler sagt, „die unter Karl d. Gr. wiedergeborene gelehrte Bildung am wirksamsten in deutscher Weise auf deutschen Boden verpflanzt und in weitere deutsche Kreise getragen hat",[1]) daß er das erste Fundament gelegt hat, auf dem das gesamte Bildungswerk der Folgezeit in Deutschland sich aufbauen konnte; denn von dem Fulda des 9. Jahrhunderts, von Raban sind die Lichtstrahlen ausgegangen, die im 11. Jahrhundert das ganze Deutschland mit ihrem Schein erfüllten — „studium ubique famosissimum."[2])

Seine Zeit wußte denn auch, wie unermeßlich viel sie ihm verdankte. Die Mitlebenden priesen ihn, wie wir gesehen haben, als den „eximius praeceptor", als den Lehrer „venerandae memoriae". Der damalige Kaiser Lothar schrieb dem „praestantissimus magister" in einem schmeichelhaften Brief, er danke Gott, der der Welt einen Raban gegeben: „nam si illis Hieronymum, Augustinum, Gregorium Ambrosiumque et caeteros quam plurimos praebuit, et nobis idem opifex eiusdem meriti et scientiae contulit Rabanum Maurum."[3]) Weit bekannt in deutschen Gauen und darüber hinaus war das in den Wäldern der Buchonia gelegene Kloster, „ubi sanctissimus et in omni arte peritissimus abbas Rabanus perspicabiliter fulget."[4])

„Tu decus es nostrum", in diesen Worten des Bischofs Humbert von Würzburg[5]) findet die Bewunderung, mit der das Deutschland des 9 Jahrhunderts zu seinem Lehrer aufblickte, vielleicht den besten Ausdruck.

---

[1]) Dümmler, Hrabanstudien. Sitzungsber. der Akad. der Wissensch. zu Berlin. 1898. III, 24.

[2]) „Plurimi eo tempore in artibus, in aedificiis, in auctoribus, in omni genere doctrinae pollebant. Studium ubique famosissimum." Annal. August. ad a. 1041. Mon. Germ. SS. III, 125.

[3]) Epistola Lotharii imp. ad Rhabanum bei Kunstmann, Hrab. Magn. Maurus. 1841. S. 221.

[4]) Ermanric. Sermo de vit. S. Sualonis. Mon. Germ. SS. XV, 159.

[5]) Mabill. Acta SS. ord. S. Bened. IV. 2, 37.

Lebenslauf.

Ich, Dietrich Wilhelm Türnau, bin am 27. Februar 1876 zu Wölpinghausen bei Bad Rehburg im Fürstentum Schaumburg-Lippe geboren, woselbst ich auch bis Ostern 1886 den Elementarunterricht erhielt. Von da an bis Ostern 1895 besuchte ich das Fürstl. Gymnasium Adolfinum zu Bückeburg. Nachdem ich das Abiturientenexamen bestanden hatte, bezog ich zum Studium der Theologie und Philosophie die Universitäten Erlangen, Halle und Greifswald. Im Herbst 1898 unterwarf ich mich zu Bückeburg der ersten theologischen Prüfung, widmete mich dann noch ein Semester in Erlangen Studien in der Pädagogik und Philosophie, für die ich als Student schon ein warmes Interesse empfunden hatte. Es war mein lebhafter Wunsch, diesen meinen Studien, die sich vorzugsweise auf die Zeit der ersten Anfänge einer Geschichte der Pädagogik auf deutschem Boden erstreckten, durch ein bestimmtes Examen einen formalen Abschluß zu geben.